INTRODUÇÃO À CRÍTICA DA RAZÃO ÁRABE

CB003979

FUNDAÇÃO EDITORA DA UNESP

Presidente do Conselho Curador
Herman Jacobus Cornelis Voorwald

Diretor-Presidente
José Castilho Marques Neto

Editor-Executivo
Jézio Hernani Bomfim Gutierre

Conselho Editorial Acadêmico
Alberto Tsuyoshi Ikeda
Célia Aparecida Ferreira Tolentino
Eda Maria Góes
Elisabeth Criscuolo Urbinati
Ildeberto Muniz de Almeida
Luiz Gonzaga Marchezan
Nilson Ghirardello
Paulo César Corrêa Borges
Sérgio Vicente Motta
Vicente Pleitez

Editores-Assistentes
Anderson Nobara
Henrique Zanardi
Jorge Pereira Filho

MOHAMMED ABED AL-JABRI

INTRODUÇÃO À CRÍTICA DA RAZÃO ÁRABE

Tradução

Roberto Leal Ferreira

Revisão da transcrição das palavras árabes

Mamede Mustafa Jarouche

Editora UNESP

Copyright © 1994 by Éditions La Découverte
Título original em francês: *Introduction à la critique de la raison arabe*.

Copyright © 1997 da tradução brasileira:
Fundação Editora da UNESP (FEU)

Fundação Editora da Unesp (FEU)
Praça da Sé, 108
01001-900 – São Paulo – SP
Tel.: (0xx11) 3242-7171
Fax: (0xx11) 3242-7172
www.editoraunesp.com.br
www.livrariaunesp.com.br
feu@editora.unesp.br

Dados Internacionais de Catalogação na Publicação (CIP)
(Câmara Brasileira do Livro, SP, Brasil)

Abed al-Jabri, Muhammed
Introdução à critica da razão árabe / Mohammed Abed al-Jabri ; tradução de Roberto Leal Ferreira. – São Paulo: Editora UNESP, 1999. – (Biblioteca básica)

Título original: Introduction à la critique de la raison arabe.
Bibliografia.
ISBN 85-7139-181-5

1. Conhecimento – Teoria (Islã) 2. Filosofia árabe 3. Filosofia islâmica 4. Islã e razão 5. Tradição (Filosofia) I. Título. II. Série.

98-1033 CDD-181.07

Índice para catálogo sistemático:

1. Filosofia árabe-islâmica moderna 181.07

Editora afiliada:

Asociación de Editoriales Universitarias de América Latina y el Caribe

Associação Brasileira de Editoras Universitárias

ADVERTÊNCIA

A tradução [francesa] foi revista e aprovada pelo autor. Os tradutores tiveram de realizar algumas modificações mínimas em alguns dos trechos utilizados, para inseri-los em seu novo contexto. Do mesmo modo, julgaram útil incluir no texto algumas notas (de caráter principalmente histórico) que, evidentemente, não aparecem no texto original, dirigido a leitores de formação árabe.

Ahmed Mahfoud
Marc Geoffroy
[os tradutores franceses]

SUMÁRIO

9 Apresentação
Que é a "tradição" *(turāth)?* Uma abordagem intracultural As três ordens cognitivas O ressurgimento andalusī O político e o científico na razão árabe

27 Introdução
Fazer a nossa modernidade, repensando a nossa tradição *(turāth)*

Parte I
Ler de outra maneira o discurso da tradição

37 Capítulo 1
As deficiências de hoje
A leitura fundamentalista A leitura liberal A leitura marxista

45 Capítulo 2
Para uma crítica científica da razão árabe
As instâncias metodológicas de uma leitura disjuntivo-unitiva
a) Da necessidade de uma ruptura com a compreensão da tradição encerrada na tradição
b) Separar o objeto-lido do sujeito-leitor: o problema da objetividade

c) Fazer que o objeto lido se reúna ao sujeito-leitor: o problema da continuidade
Elementos de uma visão, princípios de uma leitura
a) Unidade do pensamento: unidade da problemática
b) Historicidade do pensamento: campo cognitivo e conteúdo ideológico
c) A filosofia islâmica: algumas leituras da filosofia grega

Parte II
Pensamento filosófico e ideologia

79 Capítulo 3
Dinâmica histórica da filosofia árabe-islâmica

89 Capítulo 4
Grandeza e decadência da razão

97 Capítulo 5
O ressurgimento andalusī
As causas
A autoridade dos doutores da Lei nos campos do saber e do ensino
Os fundamentos epistemológicos do pensamento teórico em al-Andalus
O "ẓāhirismo" de Ibn Ḥazm: uma visão crítica e um método "demonstrativo"
O racionalismo averroísta e o rearranjo da relação religião-filosofia
Shāṭibī e as "proposições gerais *(kulliyyāt)* da Lei revelada" *(sharī'a)*
Ibn Khaldūn e as "propriedades naturais da civilização" *(ṭabā' i' al-'umrān)*

155 Conclusão
A renovação será averroísta

167 Nota sobre a transliteração das palavras árabes

APRESENTAÇÃO

Ahmed Mahfoud e Marc Geoffroy

Este livro propõe-se a oferecer [ao leitor de língua francesa] uma ilustração da obra de um pensador marroquino cujo impacto é hoje determinante entre os intelectuais do mundo árabe, Mohammed Abed al-Jabri. Se este filósofo pôde despontar na primeira fileira do pensamento árabe contemporâneo, foi de fato porque a sua obra, uma crítica epistemológica da cultura erudita árabe-islâmica, assinala para esses intelectuais um olhar novo e sistemático sobre essa produção, e lhes propõe uma maneira radicalmente nova de assumir sua relação com o passado.

Professor de filosofia na universidade de Rabat e figura ativa da esquerda marroquina, M. A. al-Jabri participou já em 1966 da redação de manuais de ensino que foram de grande utilidade para os estudantes e para os professores de filosofia no Maghreb. Sua preocupação com o ensino, aliás, se exprimiu em três escritos em que trata de problemas pedagógicos e intelectuais, *Esclarecimentos sobre a questão* do *ensino* no *Marrocos*,[1] *Por uma visão progressista de nossos problemas culturais* e *pedagógicos*[2] e *As políticas de ensino* no *Maghreb*.[3] Mas foi a publicação de *Nós e a tradição. Leituras contemporâneas* de *nossa tradição filosófica* que deveria garantir a sua reputação de pensador no mundo árabe. A introdução a *Nós* e *a tradição*, que teve no momento de sua publicação uma repercussão especial, foi incluída no presente livro (primeira parte e conclusão). Nela, o autor expõe um procedimento metodológico "disjuntivo-unitivo" para a leitura dos textos filosóficos árabe-muçulmanos, que em seguida aplica a Farābī, Avicena, Avempace (lbn Bājja) Averróis e Ibn Khaldūn. A preocupação de distanciamento que manifesta ao registrar os fundamentos epistemológicos do discurso filosófico convida a consciência árabe a adquirir os reflexos da objetividade. A aplicação que ele faz nessa obra, e em outras posteriores, de conceitos epistemológicos faz lembrar a sua contribuição pioneira à difusão da epistemologia moderna no mundo árabe e à reflexão sobre esta última, através de uma obra em dois volumes, *Introdução à filosofia das ciências. I – A matemática* e o *racionalismo contemporâneo. II – O método experimental* e *a evolução* do *pensamento científico*.[4]

A vontade de compreender o funcionamento da razão árabe e de determinar as condições de sua renovação, amadurecida pelo autor ao longo de todo o seu engajamento na vida social e em suas primeiras obras intelectuais, finalmente o levaria a realizar a sua obra maior, em três volumes, *Crítica*

1 *Aḍwā' 'alà mushkil al-ta'līm fī al-maghrib*. Casablanca, 1973.

2 *Min ajl ru'ya taqaddumiyya li-ba'ḍi masltakilinil al-fikriyya wa al-tarbawiyya*. Casablanca, 1977.

3 *Ai-Siyāsāt al-ta'līmiyya bi al-maghrib al-'arabī*. Casablanca, 1989.

4 *Madkhal ilà falsafat al-'ulūm, I – Taṭawwur al-fikr al-riyāḍī wa al-'aqlāniyya al-mu'āsirā. Il-Al-Minhāj al-tajrībī wa taṭawwur al-fikr al-'ilmī*. Casablanca, 1976.

da razão árabe. I – *A Formação da razão árabe*. II – *A Estrutura da razão árabe:* estudo analítico e crítico das ordens cognitivas na cultura árabe. III – *A razão política árabe*. Determinantes e manifestações.[5] Nesse estudo, que cobre o conjunto da tradição intelectual árabe-islâmica, ele extrai desta última certo número de noções chaves, *colocando em ordem* os elementos da tradição que se mostram nas representações da consciência árabe.

Havíamos originalmente planejado dedicar-nos à tradução da obra principal do autor, *Crítica da razão árabe*. Mas, por razões editoriais, julgamos preferível fazer que esse trabalho seja precedido pela tradução de um texto mais breve, que permita que o leitor tenha uma ideia das linhas essenciais da obra de M. A. al-Jabri. Daí este livro, composto a partir de dois trabalhos diferentes do autor[6] reunindo teses que podemos considerar como marcos em sua trajetória.

Este trabalho justifica-se amplamente pelo fato de que a reflexão do autor se apresenta hoje a muitos intelectuais árabes como uma saída possível para a aporia em que há muito tempo se enredou o conjunto do pensamento árabe contemporâneo quanto à sua maneira de assumir a problemática, inevitável para o mundo árabe-muçulmano, da relação "tradição-modernidade".

Que é a "tradição" (*turāth*)?

Num livro publicado em 1982, O *discurso árabe contemporâneo*,[7] que se pretendia um trabalho preuminar à *Crítica da*

---

5 *Naqd al-'aql al-'arabī. I – Takwīn al-'aql ai – 'arabī*, Beirute-Casablanca, 1982. *II-Binyat al-'aql al-'arabī: dirāsa tahlīliyya naqdiyya li-nuẓum al-ma'rifa fi al-thaqāfa al-'arabiyya*, Beirute-Casablanca, 1986. *III – Al-'Aql al-siyāsī al-'arabī: muḥaddidâtuh wa tajalliyātuh*, Beirute-Casablanca, 1989.

6 *Naḥnu wa al-turāh. Qirā'at mu'āṣira fī turāthinā al-faisafī* [Nós e a tradição. Leituras contemporâneas de nossa tradição filosófica], Beirute-Casablanca, 1980; e *Al-Turāth wa al-ḥadātha* [*Tradição e modernidade*], Beirute, 1991.

7 *Al-Khiṭāb al-'ambī al-mu'āṣir*, Beirute, 1982.

razão árabe, M. A. al-Jabri faz um "inventário geral" do pensamento árabe moderno. A partir dele ficava claro que todo o pensamento árabe contemporâneo estava exposto à autoridade dos pais fundadores, ao mecanismo da analogia do conhecido ao desconhecido, ao não realismo e a um modo de funcionamento em que o conhecimento do objeto a conhecer está subordinado à possibilidade de se projetarem figuras ideológicas sobre ele.

O caráter aporético do discurso do "renascimento" árabe *(nahḍa)* está, portanto, ligado ao fato de que este último está sempre exposto à eficiência de hábitos e resíduos que moldam a razão árabe desde a época do declínio da cultura árabe-islâmica. A estes entraves de ordem estrutural soma-se a "vassalização" infligida à consciência árabe pelo trabalho de meios de mediação cada vez mais influentes, dominados por vozes cúmplices de hegemonismos planetários. A possibilidade de uma consciência crítica e de uma atitude objetiva, já comprometida pela falta de uma relação distanciada com o passado, diminui, portanto, ainda mais.

M. A. al-Jabri optou por fazer que seu trabalho trate dos entraves inerentes à própria consciência árabe, por registrar o modo de funcionamento teórico e o aparelho conceitual *a priori* que governam o exercício do pensamento, constituintes da *razão árabe*. Este procedimento é-lhe ditado pelas condições específicas que cercam, dentro do pensamento árabe, o problema da relação com o *turāth,* termo que escolhemos traduzir sempre, neste livro, por "tradição", ainda que todas as palavras suscetíveis de traduzir a noção de *turāth* nas línguas europeias sejam, na realidade, incapazes de expressar integralmente o seu sentido. Nossa escolha, portanto, só podia ser uma solução provisória, na falta de melhor. Sem dúvida, teria sido possível traduzir ou parafrasear o termo *turāth* de maneira mais aproximada do que o fizemos, em razão de cada contexto. Mas isso teria tido o inconveniente de fazer explodir a unidade de uma noção que alcançou, no interior do pensamento árabe moderno, o estatuto de categoria. Se nem a palavra "herança", nem a palavra "patrimônio", nem mesmo a palavra "tradição", ainda que entendida no sentido forte de "herança espiritual", são capazes de traduzir "a carga afetiva e o conteúdo ideológico" veiculados pela noção de *turāth* no pensamento árabe moderno, é porque o pensamento ocidental conseguiu realizar uma *superação* que lhe permite relegar o seu passado a um lugar em que ele pode ser o seu espectadoragente, ao passo que, na consciência árabe, o *turāth* não é apenas uma "coleção de rastros do passado", mas antes um *todo* cultural que compreende "uma fé, uma Lei, uma língua, uma literatura, uma razão, uma mentalidade, um apego ao passado, uma projeção para o futuro etc". O *turāth* não é a herança de um pai morto para o filho, mas sim um pai sempre presente, vivo no filho. Todo avanço, toda superação deve, pois, ser precedida de um trabalho de exumação dessa presença latente, para alcançá-la sob uma forma nova, enquanto *agentes* e não mais enquanto *pacientes*. É em virtude dessas definições de *turāth* que M. A. al-Jabri elabora a concepção particular da relação tradição-modernidade, pela qual ele se distingue das grandes correntes que constituíram o pensamento árabe moderno e contemporâneo, rejeitando tanto o fundamentalismo *(salafīyya)*, que se propõe reconstituir o presente a partir do modelo de um passado "tal como deveria ter sido", quanto o "liberalismo" árabe, que reivindica o presente europeu, relegando o passado "sem dele ter-se realmente libertado", ou o "conciliacionismo" eclético.

Uma abordagem intracultural

A contribuição mais original de al-Jabri em relação ao conjunto da produção intelectual moderna consagrada à cultura árabe-islâmica consiste, sem dúvida, em ter pretendido inscrever o seu trabalho no interior mesmo do campo cultural árabe-islâmico, tratado como um sistema de noções, de valores, dotado de consistência própria, no qual é preciso se engajar, é preciso habitar, para percebê-lo em sua realidade própria. Essa abordagem "intracultural" vai deliberadamente de encontro à abordagem dos pesquisadores orientalistas, assim como à dos intelectuais árabe-muçulmanos, que, conscientemente ou não, proferem seu discurso a partir de um ponto de vista exterior, o do Sujeito europeu, que relaciona *de facto* cada objeto a seu próprio terreno de soberania, no qual o objeto não *tem lugar*. A frequentação, mesmo assídua, desses autores corre risco, portanto, de pouco poder diminuir a perplexidade que leitor europeu sente diante do real histórico ou presente das sociedades muçulmanas e dos múltiplos fenômenos "espetaculares" que dele emanam. Quando, para descrever ou apreender o Outro, o sujeito se limita a seu próprio sistema de referência, ele se condena a não poder jamais apreender as noções em jogo em seu verdadeiro alcance, e a cometer, por vezes, contrassenso atrás de contrassenso, como mostram muitas experiências passadas ou presentes de diálogo entre árabe-muçulmanos e europeus.

A atitude intracultural de al-Jabri não se pretende, portanto, uma atitude de fechamento em si mesmo; em primeiro lugar, porque ela talvez seja a única em condições de oferecer ao "Outro" europeu que aceite pôr entre parênteses as suas próprias normas de referência, uma compreensão realmente adequada do universo cultural árabe-muçulmano. Ora, uma tal compreensão renovada é hoje mais necessária do que nunca, uma vez que toda problemática hoje colocada num terreno cultural particular tende necessariamente a se "desnacionalizar" cada vez mais, em razão das interdependências cada vez mais estreitas que se tecem em nível planetário; em seguida e sobretudo, porque o olhar intracultural de al-Jabri se estende para o exterior e responde às exigências da modernidade, utilizando em seu trabalho conceitos metodológicos e epistemológicos acumatados ao campo cultural árabe-islâmico.

A originalidade e a novidade de seu procedimento permitiram a M. A. al-Jabri ser o iniciador de três novas concepções capitais, cuja influência é determinante sobre o curso da evolução do pensamento árabe:

- a descoberta das três *ordens cognitivas* que regem o pensamento árabe-islâmico e cuja análise constitui o objeto da *Crítica da razão árabe;*
- a tese do ressurgimento do pensamento racional em al-Andalus, onde se teria produzido, através do averroísmo, uma *ruptura,* no sentido epistemológico, com as formas de pensamento teórico em uso no Oriente muçulmano;
- a ideia de que a evolução do pensamento, na história do mundo árabe-muçulmano, sempre foi regida pelo político e não pelo científico, como no Ocidente. Al-Jabri explica, assim, por que o racionalismo averroísta não pôde persistir no mundo muçulmano, mas, ao contrário, propagou-se no Ocidente, onde desempenhou um papel determinante no renascimento cultural europeu.

As três ordens cognitivas

M. A. al-Jabri assinala no saber árabe-islâmico três *ordens cognitivas* que regem e condicionam a razão árabe. Mas o que é, exatamente, a razão árabe? M. A. al-Jabri define-a como "o conjunto dos princípios e das regras de que procede o saber na cultura árabe". Ora, esses princípios e essas regras não remontam, enquanto tais, à época que em geral a consciência árabe considera como a de suas origens, a época anteislâmica *(jāhiliyya),* mas sim a uma outra época, aquela em que "foi *reproduzida* a herança cultural (dos árabes do período anteislâmico e dos primórdios do Islã) para constituí-la como 'tradição', isto é, como quadro referencial a partir do qual se daria o olhar dos árabes sobre as coisas"; "o universo, o homem e a história", a "época da Codificação" *('asr al-tadwīn),*[8] que situamos nos séculos II/VIII* e III/IX. Neste quadro se define a consciência árabe, tanto em sua maneira de pensar seu passado quanto em seu desenvolvimento ulterior.

Surgem aqui as três ordens cognitivas, a "Indicação" *(bayān),* a "Iluminação" *('irfān)* e a "Demonstração" *(burhān),* que vão desenvolver-se, confrontar-se, para finalmente se amalgamar no exercício da razão árabe. Elas sobreviverão até o dia de hoje nesse amálgama.

A "Indicação" representa a estrutura principal dentro da razão árabe. O Texto é, ao mesmo tempo, o objeto e o regulador do exercício da razão indicacional. Este campo cognitivo estruturou-se através das ciências discursivas árabe-islâmicas autóctones: a gramática *(naḥw),* a ciência da Lei *(fiqh),* a teologia dialética *(kalām)* e a retórica *(balāgha).* A razão concebe regras para a interpretação do Texto revelado e vai colher o sentido das leis sociais, naturais, lógicas, ontológicas etc. no Texto. Toda verdade tem sua justificação no Texto, mais do que na razão. A razão mesma se alinha pela lógica do Texto e se forma de acordo com a fluidez ou a rigidez que ele apresenta. O conhecimento neste campo consiste, portanto, em fazer o "desconhecido" *(far', ghā'ib)* basear-se no "conhecido" *(aṣl, shāhid).* Daí a prática da analogia, que se contenta com uma afinidade *(shabah)* entre o objeto conhecido e o objeto por conhecer, e só pode, portanto, produzir juízos conjecturais. Porque a visão indicacional adota o dogma da criação *ex nihilo,* entende o mundo, o espaço e o tempo como partículas descontínuas permanentemente tramadas pela providência divína. A

---

8 É assim designada a época em que os eruditos muçulmanos dedicaram-se sistematicamente à redação *(tadwīn)* de seu saber transmitido: ditos proféticos *(ḥadīth),* tradições jurídicas, exegeses *(tafsīr),* saber gramatical, tradições históricas islâmicas e pré-islâmicas.

* Neste livro, o primeiro número sempre se refere ao século muçulmano, da Hégira, e o segundo ao século cristão. (N. R.)

partir daí, não há nenhum laço necessário entre as coisas, nenhuma causalidade; tudo é "contingente", "ocasional"; o homem só age enquanto *paciente*.

Como ordem concorrente – e mais tarde aliada – à "Indicação", aparecerá a "Iluminação", cuja estrutura-mãe é a teosofia hermética. A Iluminação estrutura a produção intelectual das correntes de pensamento sufis, xiitas, batinistas, etc. A apreensão da Verdade não ocorre através das regras filológicas ou jurídicas, mas sim no "interior" do homem. Sendo a cultura marcada pela Indicação, o iluminacionismo debruçar-se-á sobre o Texto, mas para nele reconhecer seus "sentidos ocultos", reflexos das verdades depositadas em seu ser, o qual deve aniquilar-se para o mundo a fim de alcançar a sua origem. Assim como o sentido aparente *(ẓāhir)* é apenas o véu do sentido oculto *(bāṭin)*, a razão é apenas o véu do "coração", único depositário do conhecimento. Daí um pensamento experiencial egoico que encontra a sua realização última na ascensão espiritual *(mi'rāj)*. É dado livre curso ao raciocínio analógico, que não mais se baseia na afinidade entre as coisas, mas sim em sistemas de semelhança dispostos por uma espécie de lógica abdutiva. Recorre-se em maior medida à contingência para justificar as graças milagrosas *(karāmāt)* dos santos *(awliyā')*, cujo estatuto e autoridade aproximam-se das graças dos profetas.

A terceira ordem cognitiva na razão árabe é a "Demonstração" *(burhān)*. A atividade demonstracional segue as pegadas da lógica aristotélica e seu dispositivo conceitual. A Demonstração utiliza como principal modo de raciocínio o silogismo. Este parte de premissas absolutamente verdadeiras que levam a uma conclusão absolutamente verdadeira. A veracidade da conclusão é garantida pelo rigor da derivação, em que o "termo médio", comum às duas premissas, assegura a necessidade e a fecundidade do raciocínio.

Historicamente, o pensamento de tipo demonstracional passou por dois momentos nitidamente distintos no pensamento árabe-islâmico. O primeiro momento é o da descoberta de Aristóteles no Oriente, no século III/IX. Este momento culminou com a contribuição dos filósofos Fārābī e Ibn Sīnā (Avicena). A Demonstração tal como a utilizaram esses filósofos misturou-se com as duas outras ordens cognitivas, a Indicação e a Iluminação, para chegar a um sincretismo das três ordens – refletido na obra de Algazel – no qual a Demonstração foi a grande perdedora.

O ressurgimento andalusī

A segunda parte do presente livro ilustra historicamente como entende o autor as condições de formação dessa "crise da razão árabe". Nela encontraremos esboçada a tese de que essa crise não teria atingido igualmente o conjunto do pensamento árabe-islâmico. As análises que o autor consagra à corrente racionalista maghrebino-andalusī – na qual ele inclui Ibn Ḥazm, Averróis, Shāṭibī, Ibn Khaldūn – defendem o ponto de vista de que essa corrente teria realizado uma "ruptura epistemológica" com os sistemas orientais de pensamento teórico e, assim, teria realizado uma "renovação" na razão árabe-islâmica. Al-Jabri distingue, efetivamente, dois momentos na história do pensamento árabe-islâmico. "O primeiro destes dois momentos teve como fundo epistemológico o dispositivo da metafísica emanacionista, e como fundo ideológico a fusão entre religião e filosofia. Foi dominado por um espírito espiritualista e idealista... O segundo momento foi inaugurado, epistemologicamente, pelas contribuições críticas de Ibn Ḥazm e de Ibn Tūmart e, ideologicamente, pela forma do conflito político entre o califado abácida, promotor de um pensamento em que o temporal se 'absolutiza' na religião, e um Estado maghrebino-andalusī cuja própria existência constituía a prova de que a pluralidade do 'temporal' podia existir dentro da unidade religiosa." Al-Andalus representou muito cedo na história muçulmana medieval uma entidade cultural autónoma, em razão de sua independência política em relação aos estados orientais. Intelectualmente, essa região do mundo muçulmano permaneceu durante muito tempo presa ao literalismo jurídico dos doutores malikitas, enquanto se desenvolviam no Oriente as escolas teológicas (mu'tazilismo, ash'arismo) e filosóficas (impregnadas de neoplatonismo) cujas tendências ao sincretismo traziam em germe o que al-Jabri considera um impasse epistemológico: a predominância de um pensamento que tem como característica essencial um modo de funcionamento analógico em que o conhecimento do mundo ("conhecido", *shāhid)* está subordinado à possibilidade de projetar sobre ele formas próprias do Além ("desconhecido", *ghā'ib).* Nestas condições, a razão não podia dar sequência a uma investigação do universo com base nas normas inerentes ao próprio universo.

Ora, a prática da filosofia e da teologia chocava-se em al--Andalus com um obstáculo considerável: a atitude dos doutores da lei mālikītas, cujo literalismo violentamente inimigo de todas as formas de especulação – consideradas heresias ou "inovações condenáveis" *(bida')* aos olhos do saber religioso – servia de "ideologia oficial" para o poder do Estado andalusī, que assim se distinguia dos Estados do Oriente muçulmano, com os quais estava em conflito e em competição. Estes últimos utilizavam eles próprios sistemas filosóficos (o gnosticismo ismaeliano dos Fatímidas) ou teológicos (o ash'arismo do califado abácida) como armas ideológicas destinadas a aumentar seu terreno de influência. No contexto andalusī, estas formas de pensamento representavam, portanto, uma "ideologia do adversário", e estavam proscritas como tais, em nome da ortodoxia religiosa literalista.

M. A. al-Jabri nota que, paradoxalmente, é essa proscrição que atinge toda forma de atividade especulativa que deveria oferecer uma oportunidade histórica ao pensamento andalusī, preservando-o em ampla medida da influência de sistemas de pensamento marcados pela interferência das ordens cognitivas que, na mesma época, precipitavam o Oriente muçulmano no "impasse epistemológico". As fontes históricas atestam, com efeito, que os primeiros eruditos andalusīs que tiveram, a partir do século IV/X, a preocupação de se abrir às doutrinas extrajurídicas se dedicaram principalmente – e de maneira intensiva – ao estudo da matemática e da lógica, em razão do interdito que atingia toda especulação que tivesse implicações metafísicas. A matemática e a lógica, na medida em que não punham diretamente em questão os dogmas literalistas referentes ao divino, eram toleradas com maior facilidade pelos doutores da Lei. Estas disciplinas tiveram, além disso, o mérito de instalar na prática científica dos eruditos andalusīs os mecanismos que deveriam presidir a elaboração de um pensamento estritamente "demonstracional".

Podemos, pois, falar de uma escola andalusī de pensamento teórico. A característica mais saliente da temática desta escola, como observa o autor, é, sem dúvida, a crítica do raciocínio analógico, mecanismo cognitivo fundamental da Indicação. Esta crítica exprime-se nas obras de Ibn Ḥazm e de Shāṭibī (ciência da Lei), de Ibn Maḍā' (gramática), no pensamento teológico de Ibn Tūmart, bem como na filosofia de Averróis. Esses pensadores substituem a analogia, desqualificada por outros métodos de raciocínio que tinham como modelo o silogismo aristotélico, provocando com isso mudanças irreversíveis na visão do mundo veiculada pelo pensamento oriental. Como já não era possível conceber o Além por analogia com o mundo natural, cada um desses dois domínios (físico e metafísico) tornava-se o objeto de um conhecimento autônomo. A natureza devia ser conhecida segundo as leis inerentes a ela, que podiam ser extraídas e deduzidas a partir da própria natureza. Assim se tornava possível um conhecimento sistemático e racional do real e se abriam perspectivas incalculáveis para o controle, por parte da razão humana, do universo.

Nesse sentido, o "segundo momento" da história árabe-islâmica constitui uma "renovação", uma superação histórica, do primeiro. No entanto, é preciso dizer que as imensas potencialidades que esse momento veiculava ganharam corpo, principalmente, não no mundo árabe-muçulmano, mas sim no Ocidente cristão, onde o averroísmo foi um fator capital de desenvolvimento intelectual. Como explicar que o pensamento árabe-islâmico não tenha podido passar ele próprio pelo desenvolvimento prodigioso do pensamento ocidental?

O político e o científico na razão árabe

Do ponto de vista da história geral da cultura humana, o momento em que a cultura árabe-islâmica retoma a chama da Civilização é o do extremo fim da época tardo-antiga, período de decadência filosófica e científica, de "demissão" da razão grega. Na outra extremidade, a cultura árabe-islâmica cede, a partir do século XV, o lugar ao Ocidente cristão, que conhece a partir daí um desenvolvimento intelectual nunca visto e ininterrupto até hoje. Neste sentido, o período de atividade máxima da cultura árabe-islâmica pode, pois, ser considerado como o extremo início de um desenvolvimento intelectual que deveria prosseguir plenamente em outro lugar. Assim, é legítimo, para M. A. al-Jabri, perguntar-se por que a cultura árabe-islâmica jamais superou a fase de pródromo e, no entanto, buscar a resposta para esta pergunta numa comparação entre a experiência árabe-islâmica e as experiências grega antiga e europeia.

Por que o pensamento árabe islâmico, com exceção da experiência andalusī que, aliás, não teve nenhuma repercussão notável no mundo muçulmano, jamais conheceu uma *autossuperação* e se fechou na repetição, ao passo que a história do pensamento grego e, mais ainda, a história do pensamento ocidental moderno foram ambas processos evolutivos contínuos, assinalados por etapas, cada uma das quais constituindo ao mesmo tempo o prosseguimento e a superação da que a precede? Em outros termos, "por que os construtos cognitivos (conceitos, métodos, visões) elaborados na cultura árabe-islâmica na época de seu desenvolvimento durante o período medieval não tiveram a evolução que teria colocado essa cultura em condições de realizar um renascimento intelectual e científico que fosse uma garantia de progresso contínuo, a exemplo do que se produziu na Europa a partir do século XV"?

Para M. A. al-Jabri, a resposta deve ser procurada na relação entre pensamento e ciência dentro destas culturas. O pensamento grego, desde os primeiros pré-socráticos até Aristóteles, sempre evoluiu em correlação com o conhecimento da natureza. Era em relação com os resultados fornecidos pela observação dos dados naturais que se formulavam os sistema filosóficos pelos quais o pensamento grego procurava explicar a origem do homem e do universo. O ponto culminante desta evolução deveria ser alcançado com o sistema filosófico de Aristóteles (384-322 a. C.). A deriva em direção da dialética iniciada pelo pensamento grego depois de Aristóteles causa o seu declínio: o pensamento, não mais se baseando no real, passa a tirar a sua consistência apenas dos seus procedimentos discursivos. Assim, ele se torna incapaz de renovar os seus instrumentos, e ocorre a "demissão da razão", característica da época helenística.

O pensamento europeu da época moderna jamais caiu nesse impasse. A Europa, com efeito, assistiu a partir do século XVII ao surgimento de um pensamento fundamentado no princípio da experimentação. Este pensamento estava ele próprio na dependência de instrumentos, cujo aperfeiçoamento era, assim, garantido pelo avanço da ciência. Estabeleceu-se, portanto, uma relação dialética entre o pensamento e a ciência, que contribuíram, assim, para o seu avanço recíproco. Os progressos registrados na observação do mundo natural e nas tecnologias dariam lugar a reformulações sucessivas dos sistemas de pensamento, que foram convidados a se superar continuamente. Inversamente, a lógica em que se baseava a argumentação na cultura árabe-islâmica tinha origem na ciência do Texto – cuja representante por excelência é a ciência do Direito – mais do que nas ciências experimentais.

Por que a racionalidade experimental permaneceu sem efeito sobre a visão do mundo dos árabes-muçulmanos, quando estes precederam e inspiraram a Europa em vários campos desta racionalidade? Foi o averroísmo e a sua teoria da separação entre a religião e a filosofia que permitiu, no Ocidente, que o pensamento filosófico conquistasse a sua autonomia em relação ao dogma da Igreja. Por outro lado, a cultura árabe-islâmica produziu cientistas nas ciências exatas (o opticicista· Ibn al-Haytham, dito Alhazen, o astrónomo al-Baṭrūjī, dito Petragius) cujos trabalhos precursores inspiraram em seguida de maneira significativa os atares da revolução científica no Ocidente (Galileu, Copérnico).

Se a ciência não pôde desempenhar o seu papel de motor do pensamento na cultura árabe-islâmica, isto, para M. A. al-Jabri, aconteceu porque esta função já estava ocupada por um outro fator: a política. Ao contrário do processo do pensamento europeu, a marcha dialética do pensamento árabe-islâmico não dependeu de um confronto entre a ciência e a religião que desembocasse numa concepção nova do universo.

A latente crise de legitimidade do poder muçulmano (a questão do Califado e do Imamado) jamais cessou, ao longo de toda a história da cultura árabe-islâmica, de aumentar um conflito ideológico cujas diferentes configurações determinaram a sorte do pensamento. Toda análise do pensamento árabe-islâmico que se referisse apenas ao seu conteúdo cognitivo e desdenhasse o emprego ideológico a que os autores do pensamento subordinam o conteúdo cognitivo, seria uma análise parcial. Os sistemas intelectuais concebidos no interior da cultura árabe-islâmica foram, de fato, sempre elaborados com fins de legitimação dos poderes estabelecidos ou de movimentos de oposição; como apoios ideológicos às aspirações de componentes da sociedade que detinham o poder ou, pelo contrário, que dele estivessem excluídas.

Além disso, é notável constatar que nos períodos de apogeu da cultura, as correntes de pensamento mais marcadas pela racionalidade muitas vezes estavam mais associadas ao poder estabelecido, ao passo que a contestação social e política exprimia-se de preferência por meio de ideologias irracionalistas. Posteriormente, quando os poderes tiveram de resistir ao acúmulo das ameaças exteriores e dos fenômenos de desagregação interna, eles tenderam, para ampliar sua base social, a promover por sua conta ideologias irracionalistas de tipo "iluminacionista" (em particular, o sufismo), e a integrá-las à ordem estabelecida. O racionalismo, diante do conluio entre conservadorismo social (a ordem política dos príncipes) e da desrazão iluminacionista, foi, assim, gradualmente relegado à margem da sociedade e da história.

Descobrir as regras inconscientes que regem o exercício do pensamento na cultura árabe, registrar os entraves que lhe são inerentes, são estas, para M. A. al-Jabri, as condições de uma tomada de consciência que deve permitir que a razão árabe se supere e escape, enfim, a esta alternativa: a alienação em seu passado próprio ou a alienação no presente dos outros. O que M. A. al-Jabri faz entrever é a possibilidade de uma consciência árabe emancipada e, com isso, em condições de contribuir de maneira ativa para a construção de uma modernidade realmente universal. Mas será que o Ocidente está realmente disposto a renunciar ao monopólio da modernidade? Não estaria, pelo contrário, propenso a continuar encarnando sozinho o Espírito da época? Pode-se colocar a questão, considerando a ignorância quase total que os intelectuais ocidentais continuam a manter sobre o mundo árabe-muçulmano, assim como a pouca disposição que manifestam em preencher suas próprias lacunas.

A parte da produção cultural dos países árabes e muçulmanos que consegue abrir um caminho até o Ocidente, através da tradução, limita-se, além disso, quase exclusivamente ao terreno da literatura romanesca e poética. Assim, no melhor dos casos, o leitor ocidental que encontra o universo cultural árabe-muçulmano se vê, pelo próprio modo de funcionamento do discurso literário, instalado no lugar de um espectador; espectador de uma realidade *objeto* de sua percepção estética. De fato, o desenvolvimento recente de um interesse do público europeu pela literatura árabe, sobretudo moderna, não foi acompanhado de uma reavaliação por parte da consciência ocidental do lugar que essa cultura deveria ocupar dentro da vida intelectual do mundo de hoje. Para que a consciência árabe, tal como se apresenta efetivamente hoje, possa ser reconhecida no plano mundial e para que a sua voz possa ser ouvida, é preciso que sejam enfim traduzidas as principais obras do pensamento árabe contemporâneo. Só podemos desejar que as instituições culturais em condições de contribuir para esta tarefa assumam a sua responsabilidade no caso.

INTRODUÇÃO

FAZER A NOSSA MODERNIDADE, REPENSANDO A NOSSA TRADIÇÃO (*TURĀTH*)

Erguem-se vozes aqui e ali para questionar, de uma ou de outra maneira, a preocupação que os pesquisadores árabes têm de trabalhar sobre a tradição: por que todo esse interesse pela tradição? Não é isso uma regressão intelectual? Alguns chegam até a falar em fenômeno patológico, em "neurose coletiva" que teria tomado conta dos intelectuais árabes logo depois do desastre de 1967, e teria provocado neles essa volta atrás, na direção da tradição. Os defensores desta opinião objetam que o interesse pelas coisas da tradição afasta as cabeças das exigências da modernidade. Iludidos como estão, pensam que a tradição árabe-islâmica, como para eles todas as tradições, não passa de um artigo do passado, que conviria relegar ao passado e cujo estudo deveria ser cuidadosamente reservado – se é que se dignam a admitir a sua utilidade – à atenção de raros universitários especialistas nas coisas do passado. O interesse pela tradição deveria, portanto, permanecer enclausurado entre as paredes dos estabelecimentos universitários ou entre as páginas das revistas especializadas. Ou seja, o interesse "supérfluo" dos intelectuais árabes pela tradição exprimir-se-ia necessariamente à custa do interesse pela "modernidade".

Nós, por nosso lado, julgamos que esse ponto de vista não leva suficientemente em conta a especificidade dos problemas colocados para a cultura árabe. Com efeito, o que a distingue, desde a "época da Codificação" *('aṣr al-tadwīn)*[1] até o dia de hoje é o fato de que a sua dinâmica interna não se exprime na produção de discursividades novas, mas sim na reprodução do antigo. A partir do século VII da Hégira, interrompeu-se essa atividade de reprodução para dar lugar a um estado de inércia, de recuo e de repetição. Desde então se estabeleceu na cultura árabe-islâmica o que chamamos de uma "compreensão da tradição encerrada na tradição", ainda hoje dominante. Nestas condições, a modernidade consistiria, de preferência, portanto, em ultrapassar essa compreensão da tradição encerrada na tradição, para elaborar uma compreensão moderna e uma visão atual da tradição. A modernidade, portanto, não consiste em recusar a tradição, nem em romper com o passado, mas antes em elevar nossa maneira de assumir a nossa relação com a tradição no nível do que chamamos de "contemporaneidade", que deve consistir, para nós, em nos juntarmos à marcha do progresso que se realiza em nível planetário. Sem dúvida, a modernidade deve encontrar os fundamentos de suas teses no interior de seu próprio discurso, o discurso da contemporaneidade, e não ser um "fundamentalismo" preso a fontes-fundamentos inspiradores. Infelizmente, a modernidade no pensamento árabe contemporâneo ainda não chegou a este ponto. Permanece reduzida a se inspirar, na concepção de suas teses, na modernidade europeia, onde vai colher as justificações e os "fundamentos" de seu discurso. Ora, mesmo se admitirmos que a modernidade europeia representa hoje a modernidade "planetária", só a sua inscrição na história cultural particular da Europa – mesmo que como figura de oposição – já a torna imprópria para enfrentar, num diálogo crítico, a realidade cultural árabe, cuja história se forjou longe dela. Estrangeira à cultura árabe e à sua história, ela não seria

1 Ver nota 8 da Apresentação.

capaz de estabelecer um diálogo suscetível de desencadear um movimento dentro desta. Só podendo abordá-la de fora, ela com isso obriga o seu adversário ao recuo e ao fechamento. É por isso que o nosso próprio caminho para a modernidade deve necessariamente apoiar-se nos elementos de espírito crítico manifestados na própria cultura árabe, para desencadear dentro desta uma dinâmica de mudança. A modernidade significa, pois, antes de tudo elaborar um método e uma visão modernas da tradição. Poderemos, assim, libertar a nossa concepção da tradição dessa carga ideológica e afetiva que pesa sobre a nossa consciência e nos força a ver a tradição como uma realidade absoluta, que transcende a história, em vez de vê-la em sua relatividade e em sua historicidade.

O que garantirá a especificidade de nossa modernidade será, portanto, o papel que ela desempenhará no interior mesmo da cultura árabe contemporânea. O que fará dela verdadeiramente uma "modernidade árabe" será a sua capacidade de desempenhar este papel. Pois não existe, na realidade, *uma* modernidade absoluta universal e planetária, mas antes *algumas* modernidades, diferentes de uma época para outra e de um lugar para outro. Ou seja, a modernidade é um fenômeno histórico e, enquanto tal, permanece condicionada pelas circunstâncias nas quais se manifesta e confinada dentro dos limites espaçotemporais que lhe traça o devir ao longo da história. A modernidade deve, portanto, diferir em função de cada espaço, de cada experiência histórica: a modernidade europeia é diferente da modernidade chinesa ou japonesa. Se se chegou, na Europa, a falar de pós-modernismo, é porque o fenômeno da modernidade mesma cessou com o fim do século XIX. A modernidade era uma etapa histórica, oriunda do Iluminismo (o século XVIII), que, ele próprio, sucedeu à época do Renascimento (o século XVI).

Totalmente diferente é a situação no mundo árabe: o Renascimento, o Iluminismo e a modernidade não representam nele etapas que se superem umas às outras, mas, pelo contrário, estão entrelaçados e coexistem no próprio interior da etapa contemporânea, cujos inícios remontam a pouco mais de cem anos. Quando falamos de modernidade, temos, pois, de evitar entendê-la no mesmo sentido que os intelectuais e pensadores europeus, para os quais a modernidade é uma etapa que representa a superação do Iluminismo e do Renascimento, que se desenvolveu graças à "ressurreição" da "tradição" da Antiguidade e a certa maneira de se inscrever nessa tradição. A modernidade tal como se define em nossa situação presente é, ao mesmo tempo, o Renascimento, o Iluminismo e a *superação* dessas duas etapas. Todas as expressões da modernidade deverão ter seu eixo ao redor da racionalidade e da democracia. Estes dois princípios não são artigos de importação, mas sim práticas concretas que respondem a regras. Com certeza, enquanto não tivermos aplicado a racionalidade à nossa própria tradição e denunciado as suas manifestações, permaneceremos incapazes de construir uma modernidade que nos seja própria, através da qual possamos nos inserir, como agentes e não mais como pacientes, na modernidade "planetária".

Alguns turiferários da modernidade objetarão, talvez, que, no que lhes diz respeito, entendem a modernidade "planetária" tal como é, como uma presença que tira de si mesma as suas normas. Embora duvidemos muito de que uma tal situação – a de um intelectual que viva uma modernidade que tire as suas normas apenas de si mesma – seja possível, aceitaríamos, em rigor, admitir uma tal tese se se tratasse de resolver apenas problemas individuais. Ao falar assim, esse intelectual julga segundo seus próprios critérios e reduz o problema aos dados de sua experiência pessoal. Alguns talvez julguem efetivamente modernista essa tomada de posição, na medida em que a modernidade consagra a individualidade como valor em si, a modernidade é "individualista". Mas esta é uma falsa concepção da modernidade, pois, se assim fosse, esses intelectuais sequer sentiriam a necessidade de criticar o interesse dos outros pela tradição. Não teriam o que fazer com esse "outro", se a modernidade fosse, de fato, puramente individualista.

Na realidade, a modernidade só é uma posição individual na medida em que está ligada ao desenvolvimento do espírito crítico e da criatividade no seio de uma cultura dada, e na medida em que estas duas atividades são exercidas por indivíduos enquanto tais e não enquanto representantes do grupo. Ela não é, porém, uma atitude negativa, uma atitude de retiro e de fechamento em si mesma. A modernidade, apesar do estatuto que confere ao indivíduo como valor em si, não é, portanto, um fim em si. Ela se produz necessariamente em vista de um outro que não ela mesma, em vista da totalidade dos fenômenos da cultura de que ela surge. A modernidade pela modernidade é uma ideia absurda. A modernidade é uma mensagem e um ímpeto inovador, cujo objetivo é renovar as mentalidades, as normas do raciocínio e da apreciação. Ora, dado que a cultura dominante com que nos confrontamos é uma cultura tradicional, é antes de tudo para a tradição que o discurso modernista deve orientar-se, a fim de realizar uma releitura e elaborar uma visão atual dela. Somente desta maneira ele poderá atingir a grande maioria dos intelectuais e da população educada, ou até mesmo o conjunto da população, e, assim, desempenhar a sua missão. Quanto ao fechamento narcísico sobre si mesmo, ele só pode levar a um exílio suicida e a uma automarginalização.

Certos intelectuais que, entre nós, reivindicam a "modernidade" invocam a democracia, cujo alcance reduzem à mera reivindicação da liberdade individual. Simultaneamente, essas pessoas rejeitam a racionalidade, com o pretexto de que esta impõe a "ordem" e restringe a liberdade. Ao fazerem isso, elas imitam pura e simplesmente certas tendências da modernidade europeia, ignorando ou fingindo ignorar o imenso abismo que separa a nossa condição da do Ocidente. É bem verdade que no Ocidente industrializado o racionalismo invadiu todos os setores da vida individual e coletiva, e reina absoluto sobre as relações humanas e a concepção do mundo, o pensamento e os comportamentos. Os efeitos de uma organização racional da economia, da administração, dos aparelhos de Estado e das instituições acabaram refletindo-se na totalidade da existência individual e coletiva. A revolução tecnológica e informática veio impor seu caráter sistemático a todos os aspectos da vida humana, pondo seriamente em causa o estatuto ético do homem, ou até mesmo o seu estatuto de ser livre ou, antes, de ser cuja condição de realização é a liberdade. Em muitos campos, o racionalismo ocidental ultrapassou ainda mais os seus princípios, fornecendo à ciência e à tecnologia, que deste mesmo ponto de vista racionalista deveriam ter sido postas a serviço da liberdade humana e do direito dos povos, inúmeros meios de extermínio de massa e de aniquilação dos indivíduos, e permitindo que esses instrumentos diversificassem e aumentassem o seu desempenho. A partir daí, a reação humana, natural e justificada do próprio ponto de vista da modernidade, consistiu em se erguer contra esse absurdo irracional, que culmina no auge do racionalismo moderno. Essa revolta arrastou, então, alguns, por razões no mais das vezes pessoais – como o fracasso na autoafirmação na sociedade –, a derivas místicas, religiosas ou ateias, que os levaram a adotar posições hostis a toda forma de racionalidade.

Alguns daqueles que reivindicam a modernidade entre nós retomaram por conta própria essa posição irracionalista, por motivos semelhantes aos que indicamos, mas sem que nada no real árabe o justifique. De fato, o mundo árabe sofre atualmente da hegemonia de um outro tipo de irracionalismo, totalmente diferente do irracionalismo da Europa, ponto de chegada do racionalismo europeu: uma irracionalidade medieval, com todas as consequências que ela implica, e em especial a persistência de um tipo de relação governante-governados em que estes últimos, reduzidos ao estado de rebanho, avançam sob o cajado do pastor, na vida intelectual ou social. Ante essa irracionalidade atrasada, só o racionalismo apresenta – se como uma arma eficaz. Como realizar a modernidade sem o auxílio da razão e da racionalidade? Como realizar o renascimento sem o auxílio de uma razão renascente? A hostilidade contra o racionalismo e os ataques contra ele só podem, numa situação como a nossa, ser inspirados por um obscurantismo irracional. Aquele que adota um tal obscurantismo condena-se necessariamente à cegueira. A razão é uma lanterna com que certamente se podem iluminar as trevas; mas que às vezes é preciso também saber transportar até a luz do dia.

Esta é a concepção da modernidade que devemos definir à luz de nosso presente. A modernidade é, antes de tudo, a racionalidade e a democracia. Uma abordagem racional e crítica de todos os aspectos da nossa existência – de que a tradição representa um dos fatos mais presentes e mais arraigados em nós – é o único procedimento verdadeiramente modernista. A preocupação de trabalhar sobre a tradição é, portanto, ditada pela necessidade de elevar a nossa abordagem da tradição à modernidade, para servir a modernidade e lhe conferir um fundamento em nossa "autenticidade".

Parte I

LER DE OUTRA MANEIRA O DISCURSO DA TRADIÇÃO

CAPÍTULO 1

AS DEFICIÊNCIAS DE HOJE

A leitura fundamentalista

"Como recuperar a grandeza de nossa civilização? Como ressuscitar nossa tradição?". Duas questões estreitamente imbricadas, que constituem, em sua interferência, um dos três eixos principais ao redor dos quais se organiza a problemática do pensamento árabe moderno e contemporâneo.

O diálogo ao redor deste eixo e a ordem dialética que ele implica estabelecem-se entre o passado e o futuro. Quanto ao presente, ele não está presente, não só porque é recusado, mas também porque o passado está tão presente que invade o futuro e o absorve. O passado faz o papel de presente, é entendido como meio de afirmar e de reabilitar a identidade.

A principal razão que convida a consciência árabe moderna a assim se afirmar é perfeitamente conhecida e admitida: trata-se do desafio ocidental, sob todas as suas formas. Como para todo indivíduo ou toda sociedade, essa afirmação de identidade assumiu a forma de um recuo na direção das posições de retaguarda, que serviriam de muralha e de posições de defesa.

É esta a atitude adotada pela corrente fundamentalista do pensamento árabe moderno e contemporâneo. Esta corrente, mais do que qualquer outra, dedicou-se a ressuscitar a tradição, que ela investiu na perspectiva de uma leitura excessivamente ideológica, que consiste em projetar um "futuro radioso", fabricado pela ideologia, sobre o passado; e, portanto, em "demonstrar" que "o que ocorreu no passado poderia realizar-se no futuro".

Em sua origem, esta corrente apresentava-se sob a forma de um movimento religioso e político, reformista e aberto, o de Jamāl al-Dīn Afghānī[1] e de Muḥammad 'Abduh.[2] Este movimento convidava à renovação *(tajdīd)* contra o "conformismo imitativo" *(taqlīd)*. A recusa do conformismo imitativo deve ser aqui entendida num sentido muito particular: "suprimir" todo um dispositivo de conhecimentos, de métodos e de conceitos herdado da "época do Declínio", ao mesmo tempo que se toma cuidado para não "cair nas malhas" do pensamento ocidental. Quanto à "renovação", ela significava elaborar uma "nova" interpretação dos dogmas e das leis da Religião, que se baseasse diretamente nos Fundamentos do Islã. Tratava-se de atualizar

---

1 Jamāl al-Dīn Afghānī (morto em 1897). Nascido em Asadābād, no Irã. Depois de estudos religiosos tradicionais, realizou numerosas viagens pelo mundo inteiro. Passou algum tempo no Egito, onde exerceu uma imensa influência sobre a *intelligentsia* e onde teve, em especial, como discípulo Muḥammad 'Abduh. É o iniciador de uma corrente reformista, modernista, ligada à emancipação e ao progresso do mundo muçulmano, que deveria ser designado pelo termo *salafī* (fundamentalista). Segundo ele, o progresso deveria resultar da conciliação entre as contribuições positivas da modernidade europeia e uma tradição religiosa islâmica depurada.

2 Muḥammad 'Abduh (1849-1905). Nascido em Maḥallat Naṣr, no Egito. Estudou na universidade religiosa de Al-Azhar; lançou-se na ação reformista, por instigação de Al-Afghānī. Ergueu-se contra os teólogos reacionários e reuniu ao seu redor muitos discípulos. Foi grande *muftī* do Egito. Reformou o ensino religioso de Al-Azhar, pela introdução de disciplinas modernas.

a Religião, torná-la contemporânea e de fazer dela o fundo de nosso renascimento.

Foi esta corrente fundamentalista que brandiu a bandeira da "autenticidade" *(aṣāla),* do apego às raízes e da defesa da identidade, sendo todas estas noções interpretadas como constituindo o próprio Islã: "o Islã verdadeiro", não o Islã atualmente vivido pelos muçulmanos.

Trata-se, pois, de uma leitura ideológica polêmica, que se justificava na época em que era efetivamente um meio de afirmar sua identidade e de fazer renascer a confiança. Ela representa uma expressão do habitual mecanismo de defesa e permaneceria, portanto, legítima, com a condição de ser inscrita no quadro de um projeto global de atualização. Mas foi exatamente o contrário que aconteceu. O meio tornou-se fim: o passado, apressadamente reconstituído para servir de trampolim ao "desenvolvimento", tornou-se a finalidade mesma do projeto de renascimento. Daí em diante, o futuro seria, portanto, submetido a uma leitura que tem como instrumento de interpretação o passado, não o passado que existiu na realidade, mas sim "o passado tal como deveria ter sido". Mas como esse passado nunca existiu, a não ser na afetividade e na imaginação, a concepção do futuro-por-vir continuou sendo incapaz de distinguir-se da representação do futuro-passado. O fundamentalista vive essa representação com toda a sua alma, não somente como um ideal romântico, mas também como uma realidade viva. Assim, ve-lo-emos ressuscitar as tensões ideológicas do passado e nelas se envolver de corpo e alma, com todo o fervor do militante, sem se contentar com os adversários do passado, mas indo procurá-los até no presente e no futuro.

A leitura fundamentalista da tradição é uma leitura a-histórica e, portanto, só pode fornecer um único tipo de compreensão da tradição: uma compreensão da tradição encerrada na tradição e absorvida por uma tradição que ela não consegue, em contrapartida, englobar: é a tradição que se repete.

A leitura dos fundamentalistas religiosos vem de uma concepção religiosa da história, para a qual a história é um instante dilatado no presente, um tempo estendido na vida afetiva, testemunha da luta perpétua e dos eternos sofrimentos padecidos pela afirmação da identidade. E como se declara que a fé e a convicção religiosa é que definem essa identidade, o fundamentalismo eleva o fator espiritual à condição de único motor da história. Quanto aos outros fatores, são considerados secundários, dependentes do espiritual ou coisas que desfiguram o "verdadeiro" curso da história.

A leitura liberal

"Como viver a nossa época? Como assumir a nossa relação com a tradição?" Duas outras perguntas também intimamente imbricadas, e que constituem, em sua interferência, o segundo dos eixos principais ao redor dos quais se organiza a problemática do pensamento árabe moderno e contemporâneo. O diálogo ao redor desse eixo e a ordem dialética que ele implica estabelecem-se, desta vez, entre o presente e o passado. Não o nosso próprio presente, mas sim o presente do Ocidente europeu, que se impõe como "Sujeito-Eu" a partir do qual se dá o olhar sobre a nossa época, sobre o conjunto da humanidade e, portanto, como "fundo" de todo futuro possível. Esta instância acaba sendo projetada sobre o nosso passado e imprimindo-lhe a sua marca.

O olhar árabe liberal sobre a tradição árabe-islâmica tem lugar a partir do presente que ele vive, o do Ocidente. A leitura liberal será, pois, europeizante, ou seja, adotará um sistema de referência europeu. Assim, veremos na tradição apenas o que nela veem os europeus.

É esta corrente que a leitura orientalista representa, leitura esta cujos prolongamentos, que chegaram até alguns universitários árabes, transformam-se entre eles numa disposição geral orientalista. Seus defensores têm pretensões de cientificidade, reivindicam a objetividade e uma neutralidade "estrita". Esta leitura afirma ser "desinteressada" e "não ter nenhuma intenção ideológica".

Os portadores desta disposição geral pretendem só se interessar pela compreensão e pelo conhecimento: se, com efeito, tomam emprestado dos orientalistas o seu método "científico", rejeitam com energia a sua ideologia. Dizendo isso, eles se esquecem, ou fingem esquecer-se, de que, ao mesmo tempo que o método, eles adotam a visão. Método e visão não são indissociáveis?

A óptica do método orientalista consiste em confrontar as culturas, em ler uma tradição através de outra. Daí o método filológico, que pretende reduzir tudo à sua "origem". Tratando-se de ler a tradição árabe-islâmica, contentam-se em reduzi-la às suas "origens" judaicas, cristãs, persas, gregas, indianas etc.

A leitura orientalista pretende que não procura nem mais nem menos do que compreender. Mas o que procura ela comprender? Procura compreender até que ponto os árabes "compreenderam" o legado cultural de seus predecessores. Por quê? Porque a contribuição dos árabes, intermediários entre as civilizações helênica e moderna (europeia), só teria valor na medida em que os árabes desempenharam esse papel. Como o futuro no passado árabe teria, assim, consistido na assimilação de um passado estrangeiro ao passado árabe (principalmente a cultura grega), assim também, por analogia, o futuro no porvir árabe dependeria, portanto, da assimilação do presente-passado europeu.

Assim, as teses modernistas do pensamento liberal árabe moderno e contemporâneo são a expressão de uma terrível alienação da identidade, não unicamente dessa identidade enquanto ancorada num presente atrasado, mas também, o que é mais grave, da identidade portadora de história e de cultura.

A leitura marxista

"Como fazer a nossa revolução? Como reconstituir a nossa tradição?" Duas outras perguntas, de novo estreitamente imbricadas, e que, em sua interferência, constituem o terceiro e último desses eixos principais ao redor dos quais se organiza a problemática do pensamento árabe moderno e contemporâneo.

O diálogo ao redor desse eixo e a ordem dialética que ele implica estabelecem-se entre o futuro e o passado. Mas na medida em que um e outro ainda estão no estado de projeto: projeto de uma revolução ainda não realizada e projeto de reconstrução de uma tradição capaz de incitar à revolução e de lhe dar fundamento.

A relação, aqui, é dialética: espera-se da revolução que ela permita reconstruir a tradição, e da tradição, que ela contribua para a revolução. O pensamento da esquerda árabe moderna erra, pois, por este círculo vicioso, em busca de um "método" que lhe permita sair dele.

Por quê?

Porque ele não segue o método dialético como um método *a aplicar,* mas sim como um método *já aplicado.* Assim, o patrimônio cultural árabe-islâmico "deverá" ser, por um lado, um reflexo da luta de classes e, por outro, um terreno de confronto entre materialismo e idealismo. A partir daí, a tarefa da leitura de esquerda consistirá em apontar os partidos presentes neste duplo conflito e em delimitar as suas posições. Ao perceber que não consegue realizar a sua tarefa "como deveria", o pensamento de esquerda, inquieto e perturbado, trata de lançar o anátema contra "a ausência de uma verdadeira escrita da história árabe", ou a alegar a dificuldade de analisar a extrema complexidade que caracteriza os acontecimentos da nossa história. E se, apesar de tudo, alguns adeptos desta corrente a todo custo teimarem em reduzir essas dificuldades, isto acontecerá mediante um decalque da realidade histórica sobre esquemas teóricos. Assim, não conseguindo descobrir nessa história os rastros de uma "luta de classes", invocarão a "conspiração histórica". Não encontrando nela nenhum "materialismo" científico, falarão de um materialismo imaturo.

Esta leitura da tradição árabe-islâmica pela "esquerda" árabe desemboca, portanto, num fundamentalismo marxista, ou seja, numa tentativa de tomar emprestado dos pais fundadores do marxismo o seu método dialético já pronto, como se o objetivo fosse demonstrar a exatidão do método já pronto, e não aplicar o método.

Esta é a razão pela qual essa leitura se revelou tão pouco produtiva.

CAPÍTULO 2

PARA UMA CRÍTICA CIENTÍFICA DA RAZÃO ÁRABE

Nesta rápida revisão das leituras mais difundidas da tradição no pensamento árabe contemporâneo, importam-nos menos as "teses" defendidas, adotadas ou "concebidas" por uns e por outros, do que o modo de pensar de que todas elas procedem, isto é, o "ato mental" inconsciente que as rege. Uma crítica que ignorasse o solo cognitivo em que se baseia seu objeto permaneceria uma crítica ideológica da ideologia e, por conseguinte, não poderia produzir nada além do ideológico. Só poderia satisfazer às exigências do processo científico uma crítica que tratasse do modo de produção teórico, isto é, do "ato mental". É esta crítica que abriria caminho para uma leitura científica distanciada.

Nesta perspectiva, se considerarmos as três leituras sucintamente analisadas anteriormente, perceberemos que, do ponto de vista epistemológico – ou seja, do ponto de vista do modo de funcionamento teórico de que procedem as três –, podemos imputar-lhes dois defeitos de monta: defeito no método e defeito na visão.

Do ponto de vista do método, estas leituras são carentes do mínimo necessário de objetividade.

Do ponto de vista da visão, elas padecem de uma falta de perspectiva histórica.

Ausência de visão histórica e falta de objetividade, duas características estreitamente ligadas, que atingem todo pensamento submetido a essa tutela por parte de um dos elementos da equação que se empenha em colocar todo pensamento que, incapaz de se tornar independente, procura compensar sua carência delegando a alguns dos objetos de que trata o papel de critério de avaliação dos outros. O sujeito é, então, absorvido no objeto, e o objeto substitui o sujeito. Este – ou o que resta dele – corre para se refugiar num passado distante, em busca de apoio junto a um ancestral fundador, através de quem e graças a quem poderá recuperar a autoestima. O pensamento árabe moderno e contemporâneo é um desses pensamentos. Por isso, ele é, em sua maior parte, de tendência fundamentalista. Suas diferentes correntes e tendências só se distinguem, na realidade, pelo tipo de "ancestral fundador" por trás do qual se refugiam.

Por que essa tendência fundamentalista impregna o conjunto do pensamento árabe contemporâneo?

É à leitura aqui proposta que devemos a constatação dessa tendência e a descoberta de suas origens, tanto é verdade que o exame metódico rigoroso de um objeto de leitura pode ter como primeira consequência incitar o leitor a revisar os seus instrumentos de trabalho. Relatemos, pois, o que constatamos, como uma introdução indispensável à leitura que propomos.

As três leituras que acabamos de examinar são fundamentalistas. Assim, não diferem essencialmente do ponto de vista epistemológico, estando todas elas fundadas num mesmo modo de raciocínio, que os árabes antigos chamam de "analogia do conhecido ao desconhecido" *(qiyās al-ghā'ib 'alà al-shāhid).* Assim, seja qual for a corrente de pensamento considerada, religiosa, nacionalista, liberal ou de esquerda, cada uma delas dispõe de um "conhecido" *(shāhid)* sobre o qual decalcará um "desconhecido" *(ghā'ib)*. O desconhecido será, no caso, o "futuro" tal como o entendem ou o sonham os adeptos dessas correntes, e o conhecido, o primeiro painel da dupla interrogação que cada um se coloca (para a corrente fundamentalista, "a grandeza de nossa civilização" etc.).

Como funciona essa analogia? Não colocamos em dúvida que a analogia do conhecido ao desconhecido tenha sido um procedimento científico, com a condição de se conformar a certas condições de validade. O método foi usado pelos gramáticos e pelos juristas no prodigioso trabalho científico que levou à codificação da língua árabe e da Lei religiosa. Ele lhes foi tomado emprestado pelos teólogos, que o enriqueceram ainda mais, graças às suas controvérsias e à sua terminologia, e foi igualmente utilizado pelos físicos, que, explorando-o em seu trabalho experimental, desenvolveram ainda mais o seu rigor e a sua fecundidade. Na cultura árabe-islâmica, ele representa o método científico por excelência, que eruditos de todas as disciplinas ajudaram a estabelecer e a codificar, fixando os seus umites e as suas condições de validade. As condições essenciais que garantem a validade da analogia, tais como foram proclamadas por esses eruditos, podem ser reduzidas aos dois seguintes princípios:

- a analogia entre dois termos só é válida se eles tiverem a mesma natureza;
- a analogia entre dois termos só é válida se ambos os termos, tendo a mesma natureza, tiverem em comum um elemento determinado, considerado essencialmente constitutivo de um e de outro.

Para descobrir esse "constitutivo substancial", devemos recorrer ao "exame minucioso" *(sabr)* e à "análise" *(taqsīm)*. Consiste a análise em considerar separadamente cada um dos termos, ou seja, em enumerar o conjunto de suas qualidades e características, para distinguir o que têm em comum. Quanto ao exame minucioso, consiste em considerar essas qualidades e essas características comuns, a fim de determinar quais são constitutivas da substância e da realidade de um e de outro termo. A análise representa um procedimento analítico, e o exame minucioso, um trabalho de exame e de verificação, que corresponde, assim, à "experiência crucial" de Francis Bacon.

Tratava-se, portanto, de um procedimento metodológico rigoroso, e tão cauteloso quanto possível. Mas, em razão da preponderância que ele adquiriu e da grande predileção com que foi utilizado, acabou vulgarizando-se, e isto a tal ponto que as pessoas foram progressivamente ficando menos atentas às suas condições de validade. Assim, lançar a frase: "deduzam o resto..." acaba dispensando de todo aprofundamento na pesquisa. Esse mecanismo de analogia permaneceu tão profundamente arraigado no exercício da razão árabe que se tornará o único "ato mental" em que se baseia a produção do saber.

Assim, na Ciência da Lei *(fiqh)*, por exemplo, os doutores tanto abusaram da analogia que se tornou impossível limitar-se estritamente às suas condições de validade: aplicações casuais das fontes/fundamentos[1] foram adotadas como fontes, a partir das quais foram deduzidas novas aplicações casuais que, por sua vez, transformaram-se em fontes... Desta maneira, o raciocínio analógico transformou-se numa operação mecânica difícil, senão impossível, de se submeter às exigências do "exame minucioso" e da "análise". No terreno da teologia dialética *(kalām)*,[2] o que os teólogos chamaram, por seu lado, de "racio-

1 No tempo da formação das escolas jurídicas, os juristas relacionavam por analogia os casos novos que a vida concreta cotidiana podia suscitar com os princípios enunciados pelo Alcorão e pelos ditos do Profeta. Os primeiros são chamados *far'* (caso de espécie, aplicação casual) e os segundos, *aṣl* (fonte/fundamerrto). Após a institucionalização das escolas jurídicas, os defensores de cada escola relacionaram os "casos novos" de sua própria época aos "casos novos" da época dos mestres de suas escolas jurídicas. Em seguida, seus sucessores tardios deveriam elevar à condição de fontes/fundamentos esses "casos novos", anteriormente considerados "casos de espécie", e estabelecer a partir deles novas analogias.

2 2 O *kalām* tem como objeto a apologia defensiva da religião muçulmana. A origem da prática do *kalām* está ligada a diversos debates político-religiosos sobre a legitimidade do poder, o livre-arbítrio e a predestinação, no século II/VIII. O

cínio analógico" *(istidlāl bi al-shāhid 'alà al-ghā'ib)* deveria permanecer infundado. Se os juristas puderam fundar a sua prática da analogia numa regra comum – que afirmava que a finalidade de toda qualificação jurídica *(ḥukm)* devia ser "a consideração do interesse geral e o afastamento do dano" –, o que lhes permitiu conservar uma base comum para as suas discussões e para as suas controvérsias, entre os teólogos, em compensação, que não haviam podido entrar em acordo sobre uma regra semelhante, cada um recorreu à sua própria maneira de justificar as suas analogias, atribuindo abusivamente ao "referente *in praesentia*" (conhecido) certas qualidades, unicamente para justificar o seu relacionamento analógico com um "referente *in absentia*" (desconhecido), modificando, assim, os "conteúdos" e a maneira de "fazer conter" de acordo com as circunstâncias. Isto teve como efeito prolongar ao infinito as polêmicas, sem o menor proveito. Quanto aos gramáticos, ainda que tenham podido entrar em acordo, para justificar os seus procedimentos, sobre uma regra comum que afirmava que a língua árabe se caracteriza essencialmente pela "fluidez da expressão", também eles acumularam as analogias, de modo que seu trabalho se tornou, afinal, um fim em si, afastando-se, então, de sua função primeira, codificar a língua árabe, e chegando a complicar excessivamente essa língua, originalmente "simples" e "espontânea".

Efetivamente, a prática da analogia pelos gramáticos, juristas ou teólogos acabou, nas últimas fases de seu desenvolvimento, virando uma "bola de neve" e arraigando-se, enquanto modo de

---

kalām começará a se constituir em Bagdá, sob os Abácidas, quando da introdução da filosofia e da ciência da Grécia clássica. Na formação das suas escolas (mu'tazilita primeiramente, depois ash'arita), ele participará, às vezes de maneira muito rude, nas tomadas de posição dos soberanos reinantes. A ciência do *kalām* dará lugar, no plano teórico, ao desenvolvimento de noções metafísicas e de discursos sobre as relações entre Deus, o homem e o Universo: a unicidade e a transcendência divinas, o problema da justiça divina, a questão do Alcorão criado ou incriado, a criação *ex nihilo* do mundo etc.

pensar e enquanto princípio de "atividade", na estrutura da razão árabe. Começarão, então, a praticar a analogia de maneira maquinal e inconsciente. E se, além disso, pensarmos que a atividade cultural, na época do Declínio, reduzir-se-ia quase que exclusivamente a rolar essa "bola de neve", uma vez que só subsistiam práticas escolares como a gramática, a ciência da Lei e a "ciência da Unicidade" (a teologia), compreenderemos de que maneira a analogia se tornou uma operação mental exercida pelos árabes de maneira inconsciente e, portanto, sem a mínima preocupação com as suas condições de validade. Todo objeto desconhecido torna-se, então, o termo in *absentia* de uma analogia, com o qual era preciso relacionar, a qualquer preço, um termo in *praesentia*. E como a suprema incógnita é sem dúvida o futuro, e só o passado é conhecido (ou, pelo menos, é o que se acredita), a atividade mental, procurando resolver os problemas do presente e do futuro, limitou-se quase que exclusivamente a pesquisar o que, no passado, pudesse ser relacionado analogicamente com o presente. Assim, "a analogia do conhecido ao desconhecido" – esse método científico que foi o fundamento lógico-metodológico das ciências árabe-islâmicas – transformou-se numa prática que consistia em relacionar por analogia o novo ao velho. O conhecimento do novo consistiria, então, em "descobrir" um velho com que relacionar esse novo.

A instalação na razão desse mecanismo mental que se tornou operativo na atividade produtiva da razão árabe acarretará diversas consequências importantes:

- a suspensão das noções de tempo e de evolução. Todo presente será sistematicamente relacionado com o passado, como se passado, presente e futuro constituíssem uma extensão aplainada, um tempo imóvel. Daí a falta de perspectiva histórica no pensamento árabe;
- a ausência de disjunção entre o sujeito e o objeto. Ao abandonar o "exame minucioso" e a "análise", transformaram a operação analógica num mecanismo mental incapaz de demorar-se na

análise dos termos da analogia e no exame de seus constituintes, para estabelecer a sua similaridade. A analogia foi, então, praticada maquinalmente, sem estudo e sem análise, sem exame e sem crítica. O referente *in praesentia* estabeleceu-se como testemunha presente permanentemente na razão e na afetividade. Daí a falta de objetividade no pensamento árabe.

O conjunto do pensamento árabe moderno e contemporâneo caracteriza-se pela falta de perspectiva histórica e de objetividade. Por isso, ele nunca pôde oferecer da tradição mais do que uma leitura fundamentalista, que transcendentaliza o passado, sacraliza-o e procura extrair dele soluções já prontas para os problemas do presente e do futuro. Se essa constatação aplica-se perfeitamente à corrente islamista, não deixa de ser válida para as outras correntes de pensamento, que reivindicam todas elas ancestrais fundadores junto aos quais se deve encontrar a "salvação". Todas as correntes do pensamento árabe tomaram seu projeto de renascimento de um modelo passadista: o passado árabe-islâmico, o "passado-presente" europeu, a experiência russa, chinesa... e poderíamos alongar a lista. Diante de cada problema novo, esse pensamento recorre à atividade mental mecânica de procurar soluções já prontas, apoiando-se num "fundamento" qualquer.

Mas essa atividade mental faz parte de um todo, ainda que seja uma parte essencial dele. Esse todo é a estrutura da razão árabe. É, portanto, essa razão que teremos de submeter a uma análise atenta e a uma crítica rigorosa, antes de propor a sua renovação e a sua modernização. Só poderemos renovar a razão árabe levando o antigo à crise e através de uma crítica global e aprofundada, à qual esperamos ter feito uma modesta contribuição através de nosso trabalho *Crítica da razão árabe*.[3]

---

3 Ver Apresentação, p. 9.

As instâncias metodológicas de uma leitura disjuntiva-unitiva

a) Da necessidade de uma ruptura com a compreensão da tradição encerrada na tradição

As observações acima procuravam chamar a atenção para o fato de que a primeira questão metodológica com que depararia o pensamento árabe contemporâneo em suas tentativas de conceber um método "adequado" para assumir a sua relação com a tradição seria, não a de saber escolher entre este ou aquele método já pronto, mas sim a de examinar a operação mental que ordena a aplicação de um método, seja ele qual for. Antes de exercer a nossa razão de alguma maneira, precisamos, portanto, submetê-la a uma crítica.

A razão árabe de hoje apresenta-se como uma estrutura em que aparecem muitos componentes, e em especial o tipo de "prática teórica" (gramatical, jurídica, teológica) dominante na época do Declínio, cuja ordem constitutiva era a analogia do conhecido ao desconhecido, praticada sem preocupação com suas condições de validade científica. Essa prática irrefletida da analogia tornou-se o elemento invariável (a constante) que organiza os movimentos no interior da estrutura da razão árabe. Esse elemento congela o tempo, suspende a evolução e instaura uma presença permanente do passado no exercício do pensamento e na afetividade, aumentando o presente com soluções já prontas. A "renovação do pensamento árabe" ou "a modernização da razão árabe" estão, a nosso ver, condenadas a permanecer letra morta enquanto não nos propusermos antes de tudo quebrar a estrutura dessa razão herdada da "época do Declínio". O primeiro objeto a des-construir – através de uma crítica severa e rigorosa – deverá ser a constante estrutural dessa razão, a prática maquinal da analogia, que já descrevemos. Renovar a razão árabe quer dizer, na perspectiva em que nos colocamos, efetuar uma ruptura epistemológica decisiva com a estrutura da razão árabe da época do Declínio e os seus prolongamentos no pensamento árabe moderno e contemporâneo.

Mas o que entendemos por "ruptura epistemológica"? Esclareçamos, em primeiro lugar, que a ruptura epistemológica não se realiza de modo algum no nível do próprio saber. Assim, ela não tem nenhuma relação com essas teses deletérias que convidam a trancar a tradição nos museus, ou a confiná-la no "distante" passado histórico a que seu lugar se limitaria. Essa rejeição automática da tradição é uma atitude não científica e a-histórica, e é até mesmo, paradoxalmente, um resíduo do pensamento da tradição da época do Declínio. A ruptura epistemológica realiza-se no nível do ato mental, ou seja, da atividade inconsciente que se exerce no interior de um campo cognitivo determinado, de acordo com uma certa ordem e através de instrumentos cognitivos: os conceitos. O saber permanece aí. É a maneira de tratar o saber que muda, o instrumento mental utilizado, a problemática governada por essa atividade e o campo cognitivo onde ela se organiza. Quando a mudança se revela profunda e radical o bastante para que possamos dizer que é atingido um ponto sem retorno, um ponto a partir do qual não se poderá voltar à maneira anterior de tratar o saber, então se falará de ruptura epistemológica.

Não é, portanto, de modo algum a uma ruptura com a tradição que estamos convidando. Estamos convidando, sim, a que se renuncie a uma compreensão tradicional da tradição. Ou seja, devemos eliminar, em nossa maneira de compreender a tradição, os resíduos da tradição depositados em nós, e em especial essa analogia gramático-jurídico-teológica praticada de maneira irrefletida e não científica, que consiste em estabelecer relações mecânicas entre as partes, e que participa, com isso, da ruptura da coesão do todo e da subtração das diferentes partes do todo ao seu quadro histórico-cognitiva-ideológico, para deslocar as partes desse todo para um outro todo: o campo a que pertence a pessoa que pratica a analogia, causando uma fusão entre o sujeito e o objeto, fusão esta que acabará ou desnaturando o objeto, ou implicando inconscientemente o sujeito no objeto, e, no mais das vezes, as duas coisas ao mesmo tempo. A *fortiori,* quando se tratar da tradição, a consequência será a completa fusão do sujeito no objeto-tradição.

Mas uma coisa é, para o sujeito, fundir-se na tradição e outra coisa é compreender a tradição; uma coisa é ser absorvido pela tradição, outra coisa é assimilar a tradição. A ruptura que desejamos não é uma ruptura com a tradição, mas sim a ruptura com um certo tipo de relação com a tradição. De seres "tomados pela tradição" que somos, essa ruptura deve tornar-nos seres que compreendem a sua tradição, ou seja, personalidades cuja tradição forma um dos elementos constitutivos graças aos quais a pessoa terá a sua inscrição no seio de uma personalidade mais ampla, a personalidade da comunidade herdeira dessa tradição.

Para nós, portanto, o problema do método não se coloca nos termos de uma escolha entre método historicista, funcionalista, estruturalista ou outro... Cada um deles, pode, com efeito, ser perfeitamente válido num campo, sem sê-lo necessariamente em outro. Mas todos eles continuarão sendo inúteis enquanto não tiver sido instaurada a disjunção necessária entre o objeto e o sujeito, enquanto o objeto não dispuser de sua independência (relativa), a fim de que o sujeito e o objeto não entrem mais na gênese um do outro de maneira imediata. A *fortiori,* quando o objeto de que se trata faz parte do sujeito – e o sujeito também faz eminentemente parte dele – de modo tão eminente quanto a tradição, o desafio metodológico a enfrentar prioritariamente é o de descobrir a maneira de separar o sujeito do objeto e de separar o objeto do sujeito, para permitir a reconstrução de sua relação sobre um fundo novo.

O problema de método é, portanto, em primeiro lugar e antes de tudo, um problema de objetividade.

b) Separar o objeto-lido do sujeito-leitor: o problema da objetividade

Como elaborar uma compreensão objetiva de nossa tradição? Esta é, em nossa opinião, a questão metodológica essencial que o pensamento árabe contemporâneo terá de enfrentar, em suas tentativas de conceber um método científico adequado para assumir a sua relação com a tradição. Não se trata unicamente aqui da "objetividade" no sentido corrente do termo (a ausência de envolvimento do sujeito, com seus desejos e seus impulsos, no objeto). O tipo de relação existente hoje entre o eu árabe e a sua tradição exige que compreendamos o problema da objetividade a partir dos dois seguintes planos:

- o plano da relação sujeito *versus* objeto, e neste caso a objetividade consistirá em separar o objeto do sujeito;
- o plano da relação objeto *versus* sujeito, e neste caso a objetividade consistirá em separar o sujeito do objeto.

A primeira destas disjunções é condicionada pela segunda.

Mas por que insistimos tanto, nesta leitura da tradição que estamos propondo, na disjunção entre sujeito e objeto?

Porque o "leitor" árabe contemporâneo é limitado pela sua tradição e esmagado pelo seu presente; o que significa, em primeiro lugar, que a tradição o absorve, privando-o de independência e de liberdade. Desde que veio ao mundo, não cessaram de inculcar-lhe a tradição, sob a forma de um certo vocabulário e de certas concepções, de uma língua e de um pensamento. Sob a forma de fábulas, de lendas e de representações imaginárias, de um certo tipo de relação com as coisas e de uma maneira de pensar. Sob a forma de conhecimentos e de verdades. Tudo isso, ele recebe sem nenhum trabalho ou espírito críticos. É através desses elementos inculcados que ele entenderá as coisas, e é neles que baseará as suas opiniões e as suas observações. O exercício do pensamento em suas condições é antes um jogo de rememoração; quando o leitor árabe debruça-se sobre os textos da tradição, sua leitura desses textos será, portanto, rememorativa, e não exploradora e racional.

Sem dúvida, um povo só pode pensar o mundo através da sua tradição. Mas uma coisa é pensar através de uma tradição que passou por um desenvolvimento contínuo até o presente, uma tradição de que o presente faz parte integrante, uma tradição continuamente renovada, revisada e criticada; outra coisa é pensar através de uma tradição de desenvolvimento interrompido há séculos, uma tradição afastada do presente pelo profundo abismo que os progressos da ciência cavaram entre ela e a ciência.

Consideremos, por exemplo, a relação do leitor árabe com a língua árabe, que constitui, ao mesmo tempo, a matéria do texto antigo e o instrumento utilizado pelo leitor para lê-lo. Essa língua, que permaneceu a mesma durante mais de catorze séculos, forja a cultura e o pensamento sem ser, em contrapartida, forjada por eles. Assim, ela permanece o elemento mais enraizado na tradição e na autenticidade. Daí seu caráter sacral.

Porque exerce sobre ele um domínio sacral e porque faz parte de seus tabus, a língua absorve o leitor. Por isso, adulto, quando ler um texto nessa língua, ele lerá mais a língua do que o texto. O que há de mais chocante para um leitor árabe do que um discurso em que o sentido não se funda no estilo, e em que o estilo não se funda na língua? Só o habitual discurso "abundante" e "eloquente" lhe garante a tranquilidade de espírito e a satisfação de uma enunciação fácil. Ele adora esse discurso fluido, em que o sentido funda-se no estilo, esse discurso facilmente assimilável porque sua significação se oferece em sua musicalidade.

Além disso, o leitor árabe é torturado por seu presente. Por isso, irá procurar em sua tradição garantias sobre as quais possa projetar as suas esperanças e as suas aspirações. Confundindo o sonho e a realidade, esperará encontrar nela "a ciência", "a racionalidade", "o progresso" etc., numa palavra, tudo o que não lhe oferece nem o sonho nem a realidade em seu presente. Por esta razão, ve-lo-emos precipitar o sentido das palavras no sentido de sua expectativa. Pegando, assim, certas coisas de passagem e voltando as costas às outras, ele quebra a unidade do texto, perverte sua significação e tira-o de seu contexto cognitivo e histórico.

O leitor árabe contemporâneo vive sob a pressão da necessidade de estar à altura de sua época. Mas à medida que a época lhe foge, procurará fortalecer a afirmação de identidade e achar soluções mágicas para seus muitos problemas. Embora absorvido pela tradição, ele se esforçará por acomodar a sua absorção de tal maneira que a sua "leitura" lhe remeta a imagem de tudo o que não conseguiu concretizar. Faz o texto dizer as suas próprias preocupações, antes de ler o que diz o texto.

Separar o sujeito de sua tradição é, portanto, uma operação necessária. Esta operação representa o primeiro passo para uma atitude objetiva. As conquistas metodológicas das ciências linguísticas contemporâneas oferecem-nos aqui um método objetivo para mantermos certa distância em relação aos textos, método este que podemos resumir através da seguinte regra de ouro: é preciso evitar interpretar o sentido do texto antes de ter apreendido a sua matéria (a matéria enquanto malha de relações entre as unidades de sentido, e não enquanto conjunto de unidades isoladas de sentido). Devemos libertar-nos da compreensão que se estabelece sobre preconceitos vindos da tradição ou sobre os nossos atuais *desiderata;* pôr tudo isso entre parênteses, para nos dedicarmos unicamente à tarefa de determinar as significações do texto no próprio texto, ou seja, na malha das relações que se estabelecem entre os seus elementos. Tratar o texto como uma malha de relações e dedicar-se a cingir o jogo dessas relações permitirá imobilizar a flutuação desses inúmeros fios que reduzem as palavras do árabe, aos olhos do leitor, a melodias, puras formas sensíveis, receptáculos para todas as sensações e todas as paixões. Em outras palavras, para nos libertarmos do texto, precisamos submetê-lo a uma minuciosa operação de dissecção, que fará efetivamente do texto um objeto para um sujeito-leitor, uma matéria de leitura.

Separar o sujeito do objeto é, sem dúvida, necessário. Mas essa operação é somente um primeiro passo, graças ao qual o sujeito poderá recuperar o seu livre dinamismo, a fim de reconstruir o objeto numa nova perspectiva. Damos, então, um segundo passo na direção da objetividade, um passo que consiste em separar o objeto do sujeito, de modo que o objeto, por sua vez, possa recuperar sua independência e sua "personalidade", sua identidade e sua historicidade.

Este processo comporta três fases:

- *O processo estruturalista:* consiste em tratar a produção do autor do texto como um todo regido por constantes e enriquecido pelas transformações que o pensamento do autor o faz sofrer, ao redor do mesmo eixo. Trata-se, essencialmente, de fixar o eixo do pensamento do autor ao redor de uma problemática manifesta, capaz de acolher o conjunto das transformações em que se move o pensamento do autor, de modo que cada uma das suas ideias reencontre o seu lugar natural – ou seja, justificado ou justificável – dentro do todo. É uma operação difícil. No entanto, cuidando de ligar entre si as ideias do autor, prestando atenção aos procedimentos de expressão utilizados, determinando os destinatários do discurso, poder-se-á ter sucesso com menor dificuldade.

- *A análise histórica:* trata-se essencialmente de ligar o pensamento do autor, cuja organização interna terá sido previamente restituída, a seu contexto histórico, em suas dimensões cultural, ideológica, política e social. Esta "historicização" é indispensável não apenas para adquirir uma compreensão histórica do pensamento estudado, mas também para testar a validade do modelo estruturalista fornecido pela operação anterior. Por "validade", não entendemos aqui a veracidade lógica (a não contradição) do modelo – com efeito, esta já foi, pelo menos parcialmente, estabelecida pela abordagem estruturalista –, mas antes sua possibilidade histórica, ou seja, o que nos garante sobre o que um dado texto pode ou não pode conter. Assim, ser-nos-á possível conceber o que o texto poderia ter dito, mas calou.

- *A abordagem ideológica:* a análise histórica continuaria sendo um trabalho incompleto e puramente formal sem o recurso à abordagem ideológica do texto, ou seja, a revelação da função ideológica (sociopolítica) que um pensamento desempenha, procura desempenhar ou que se quis que ele desempenhasse, dentro do campo cognitivo em que se inscreve. Trata-se, agora, de suspender os parênteses entre os quais a análise estruturalista encerrara por algum tempo, sincronizando-o, o período histórico em que o texto se inscreve, para devolver sua vida à época. Determinar o conteúdo ideológico de um pensamento é o único meio de torná-lo efetivamente contemporâneo de si mesmo e de vinculá-lo ao mundo a que pertence.

Separar o sujeito do objeto e o objeto do sujeito são duas operações interdependentes. Dissociamo-las por motivos de exposição. Juntas, elas constituem a primeira instância metodológica, a da objetividade.

Mas será que basta ser objetivo para ler a tradição?

O objeto-lido é a nossa tradição. Não é para nos livrarmos pura e simplesmente dela que acabamos de "extirpar" essa parte de nós mesmos, nem tampouco para desfrutarmos, como o etnólogo, o espetáculo de suas realizações culturais ou arquitetônicas, nem para contemplarmos os seus edifícios conceituais abstratos, como o filósofo, mas antes para a re-unir a nós, numa forma nova e sob uma nova relação, a fim de torná-la nossa contemporânea.

Mas como operar essa reunião?

c) Fazer que o objeto-lido se reúna ao sujeito-leitor: o problema da continuidade

A tradição não é unicamente um produto da história, forjado apenas pela história e pela sociedade. É também uma soma de contribuições pessoais, de que somos devedores a pessoas que marcaram a história porque souberam, pelo menos em parte, libertar-se dos entraves da sociedade e da história. Mas essas contribuições, no mais das vezes, não se dão sob uma forma direta. As pressões morais ou materiais que a sociedade exerce constituem entraves às contribuições de certos homens que têm ideias novas e aspirações "sediciosas". Elas impedem esses homens de se exprimirem de maneira direta e aberta. Suas ideias ativam-se e se amontoam, portanto, por trás dos esquemas de pensamento e dos modos dominantes de escritura, instalando-se numa zona profunda, para além da palavra (da lógica). Só chegaremos, portanto, a essas ideias atravessando os limites da linguagem e da lógica.

Isto só pode ser feito graças à intuição, a única capaz de unir o *eu-lido* ao *eu-leitor,* de fazer que o primeiro participe da problemática e das preocupações do segundo e de fazê-lo debruçar-se sobre as suas aspirações. O eu-leitor procurará, então, reconhecer-se no eu-lido, mas conservando plenamente a identidade deste último. Assim, o próprio eu-leitor poderá manter integralmente sua consciência e sua personalidade. A intuição de que estamos falando não é, portanto, de modo nenhum a dos místicos, nem a intuição bergsoniana ou personalista, nem a intuição fenomenológica, mas sim um tipo particular de intuição, por assim dizer uma intuição matemática. Trata-se de uma representação imediata e exploradora que desencadeia a evidência, oferece uma compreensão antecipada ao longo de um diálogo entre o eu-leitor e o eu-lido, estabelecido a partir dos dados objetivos que resultam da primeira de nossas instâncias metodológicas.

É este tipo de intuição exploradora que permite que o eu-leitor exuma o que o eu-lido calou. Para tanto, a intuição deve decifrar signos dentro do texto, em alguns casos enroscados no jogo do pensamento, dissimulados pela estratégia do discurso. Não se trata de suspender a lógica, mas sim, pelo contrário, de levar até o fim a lógica do texto, para deduzir as conclusões necessárias que resultam das premissas e das combinações que ele suporta.

Neste nível, são as conclusões que permitem que a leitura tenha uma ideia das premissas; é o futuro que permite que a leitura tenha uma ideia do passado; é o que *devia ser* que permite que a leitura tenha uma ideia do que *foi*. Assim, a positividade do que *foi* fundamenta-se com o ideológico do que *devia ser*, e o futuro-passado a que aspirava o eu-lido torna-se o futuro-por-vir que o eu-leitor persegue. Assim, o objeto-lido contemporâneo de si mesmo torna-se contemporâneo do sujeito-leitor.

Por que recorrer a este tipo de intuição na leitura de nossa tradição filosófica? Por que essa preocupação de ter acesso ao não dito?

É na própria tradição, em seus pensadores, que se encontra a resposta à nossa pergunta: Algazel[4] evoca um livro que teria escrito, com o título de *O que não se divulga aos que não são aptos*. Essa obra não chegou até nós, é até mesmo bastante

---

4 Abū Ḥāmid Muḥammad al-Ghazālī (450-505/1059-1111). Foi conhecido no Ocidente medieval sob o nome de Algazel. É um dos pensadores mais representativos do Islã, como o atesta seu apelido honorífico de *ḥūjjat al-islām* (a prova, a garantia do Islã). Nasceu nas cercanias de Ṭūs, no Khurāsān (Irã oriental), 23 anos depois da morte de Avicena. Sua formação juvenil é marcada por contatos com todas as grandes correntes de pensamento da época: filosofia, esoterismo, teologia. Foi discípulo de Juwaynī, o mais eminente teólogo ash'arita de sua época, apelidado *Imām al-Ḥarāmayn*. Foi chamado à corte de Niẓām al-Mulk, vizir dos sultões seljúquidas, dinastia de origem turca que assumira o controle do califado abácida, com o pretexto de protegê-lo do expansionismo fatímida. Algazel foi encarregado do ensino do *kalām* ash'arita numa instituição de ensino fundada por Niẓām al-Mulk em Bagdá, a *madrasa niẓāmiyya*. Em sua "autobiografia" intelectual, *Al-Munqidh min al-ḍalāl* (A *libertação da desorientação)*, Algazel relata a crise interior que as suas "dúvidas" em relação ao conjunto dos conhecimentos que adquirira e se encarregava de ensinar haviam provocado nele. A "libertação" ter-lhe-ia vindo do sufismo, da realização espiritual, que em seguida ele tentará conciliar com os dogmas do Islã sunita em sua formulação ash'arita. Este projeto será o objeto de sua grande suma, *Iḥyā' 'ūlūm al-dīn* (*A revivificação das ciências da religião)*. A atividade de Algazel assinala um período de reação teológico-mística contra a razão dos filósofos helenizantes, como o atesta o seu *Tahāfut al-falasifa* (*A incoerência dos filósofos)*.

provável que Algazel nunca a tenha escrito. Avicena,[5] por seu lado, também falara de um livro intitulado A *filosofia oriental,* onde, diz ele, teria exposto sua verdadeira doutrina. Mas esse livro tampouco chegou até nós, e parece que o filósofo o tenha guardado consigo, como um segredo que "não se divulga aos que não são aptos". Evoca Averróis,[6] por seu lado, uma "sabedoria demonstrativa" que temos de nos empenhar, segundo as suas palavras, em "só adquirir no bom lugar", à qual só devem ter acesso aqueles que são aptos e não deve, de modo

---

5 Abū'Alī al-Ḥusayn Ibn Sīnā, o Avicena dos escolásticos latinos (370-428/980-1037). Nasceu em Afshana, na Transoxiana (norte do Irã), viveu na corte de vários príncipes samânidas e búyidas iranianos, e morreu em Hamadhān. Foi o maior nome da filosofia neoplatônica islâmica e da medicina medieval. Teve como mestre Fārābī, ao qual deve sua compreensão da *Metafísica* de Aristóteles. Seu principal tratado de filosofia é o *Kitāb al-Shifā' (Livro da cura).* É uma enciclopédia do saber greco-islâmico no século V/XI, que vai da lógica à matemática. O próprio Avicena elaborou uma versão resumida desse livro, que chamou de *Kitāb al-Najāt (Livro da salvação).* Seu grande *Cânon de medicina (Al-Qānūn fī al-ṭibb)* permaneceu praticamente como a base dos estudos médicos no Oriente até hoje e no Ocidente durante muitos séculos. Sua outra obra principal é o *Kitāb al-'Ishārāt wa al-tanbīhāt* (*O livro das diretivas e das observações),* que inaugura no pensamento filosófico islâmico uma tendência gnosticizante "iluminista".

6 Abū al-Walīd Muḥammad b. Aḥmad b. Muḥammad Ibn Rushd (o Averróis dos latinos). Nasceu em Córdoba em 520/1126, descendente de uma longa linhagem de eminentes juristas da Espanha muçulmana. Recebeu uma formação completa em teologia, direito, medicina, matemática, astronomia e filosofia. A partir de 565/1169, por instigação do califa almôada Abū Ya'qūb Yūsuf, inicia uma série de comentários da obra de Aristóteles. Em 578/1182, torna-se médico pessoal do califa soberano, Abū Yūsuf Ya'qūb al-Manṣūr. Suas opiniões filosóficas, porém, atraem sobre ele as suspeitas dos doutores da Lei. Cai em desgraça; seus livros foram queimados, e ele teve de sofrer os ataques dos teólogos e da população. Morreu no Marrocos, em 595/1198, depois de ter sido finalmente indultado pelo soberano almôada. Os três grandes campos explorados pelo pensamento de Averróis são os seus comentários e a sua interpretação de Aristóteles, a sua crítica de Fārābī e de Avicena, que invoca um aristotelismo livre dos contrassensos que lhe infligira a tradição filosófica oriental, e a sua demonstração do acordo essencial entre a filosofia e a Revelação, como duas expressões distintas de uma única e mesma verdade. Com o renascimento do aristotelismo na Europa do oeste, no fim do século XII, foi imediatamente reconhecido como grande autoridade no pensamento judeu e cristão.

algum, ser propagada na massa do povo. Essa sabedoria foi também uma das que "não se divulga aos que não são aptos". Muito antes deles, Fārābī[7] já falara de uma "verdade" e de "alegorias da Verdade" e recomendara decifrar a Verdade para além de suas alegorias. Outros pensadores, como Jābir Ibn Ḥayyān[8] ou o médico Rhazés,[9] evocaram coisas semelhantes. Todos os nossos filósofos guardaram para si, portanto, ideias que não divulgavam àqueles que não eram aptos, a não ser por alusões, por símbolos ou "por trás de um véu".

---

7 Abū Naṣr Muḥammad b. Muḥammad b. Tarkhān al-Fārābī, o Abunasser dos latinos (morto em 339/950). Originário de Fārābī, na Transoxiana (norte do Irã do Norte), cresceu em Damasco, onde, segundo as biografias tradicionais, dedicava-se à leitura dos livros filosóficos, enquanto trabalhava como guarda de jardim. Foi para Bagdá, onde seguiu o ensinamento de dois lógicos eminentes, Mattà b. Yūnus e Yuḥannà b. Ḥaylan. Em seguida, viveu em Alepo, na Síria do Norte, na corte de Sayf al-Dawla, o ḥamdânida (cf. nota 5 do Capítulo 4), e morreu em Damasco. Foi apelidado *al-mu'allim al-thānī (Magister secundus*) porque expôs a ciência da lógica, fundada por Aristóteles, o *Magister primus,* comentou-a e compôs tratados sobre ela, quando a lógica antes dele só era conhecida através de traduções do grego. Seu *Iḥṣā' al-'ulūm* (*A enumeração das ciências)* contribuirá para fixar de modo duradouro uma concepção da relação entre a filosofia e as outras ciências e da relação entre as ciências gregas e as ciências islâmicas. É o autor de uma obra filosófica volumosa, onde se exprime nitidamente a vontade de integrar o aristotelismo a uma visão neoplatônica, emanacionista, do mundo, como fica claro a partir de seu *Jam' bayna ra'yay al-ḥakīmayn* (*O acordo entre as opiniões dos dois sábios),* no qual procura conciliar a filosofia espiritualista do "divino" Platão com as concepções aristotélicas das formas inerentes à matéria, invocando a chamada *Teologia de Aristóteles* (cf. nota 12 do Capítulo 5). Em seu tratado político-metafísico, *As opiniões dos habitantes da Cidade virtuosa,* procura defender a ideia de um poder unificante, idealmente de natureza profética, mas na realidade reservado aos sábios e baseado na razão.

8 Personagem do século II/VIII, cuja existência histórica foi contestada por alguns orientalistas. Sob seu nome existe um vasto *corpus* hermetista alquímico. Foi conhecido dos latinos sob o nome de Geber. Teria sido discípulo do Imām Ja'far al-Ṣādiq, no círculo do qual teria sido iniciado nas ciências esotéricas. Teria vivido durante certo tempo na corte de Hārūn al-Rashīd e teria morrido por volta de 200/815, sob o reinado de Ma'mun.

9 Cf. nota 20.

"O que não se divulga aos que não são aptos" ocupa, portanto, em seus textos o lugar de um "id" que é preciso procurar e desvelar. E só podemos chegar a isso mergulhando deliberadamente em suas problemáticas e em suas preocupações intelectuais.

Mas estaremos livres hoje para dizer publicamente o que nossos antepassados evitaram divulgar aos que não eram aptos, ou até não puderam revelar a si mesmos?

Tomar consciência de tudo o que esta questão implica deixa-nos em condições de ser seus contemporâneos e de tomá-los, a eles, contemporâneos nossos no plano de um espírito consciente de sua historicidade. É através dessa "intercontemporaneidade" que se realiza a continuidade: continuidade no progresso da consciência através da busca da verdade.

Elementos de uma visão, princípios de uma leitura

Queira-se ou não, todo método procede necessariamente de urna visão. Para aplicar um método de modo válido, é indispensável ter consciência das perspectivas da visão de que ele procede. Pois a visão constitui o quadro do método, delimita as suas perspectivas, assim como o método participa da ampliação e do reajuste da visão.

Após ter descrito o nosso procedimento metodológico, exponhamos agora os elementos constitutivos da nossa visão. São eles que formam as constâncias sobre as quais se funda a leitura que propomos e segundo as quais se orienta a nossa leitura. Vamos aqui resumi-los sob três aspectos.

a) Unidade do pensamento: unidade da problemática

Partimos do princípio de que o pensamento teórico numa dada sociedade e numa época dada constitui uma unidade particular, dotada de sua armação própria, na qual se fundem, por assim dizer, as diferentes correntes e tendências. Deste ponto de vista, o todo é que é significativo, e não os elementos. Estes últimos são apenas aspectos de um todo homogêneo.

É neste sentido que é possível falar de um pensamento grego, apesar da multiplicidade das tendências que o formam, ou de um pensamento árabe contemporâneo, apesar da diversidade de suas correntes. E é ainda neste sentido que também podemos falar de um pensamento árabe-islâmico medieval, apesar da aparente pluralidade, das aparentes diferenças que o marcam. Consideramos, pois, estes grandes momentos do pensamento como unidades irredutíveis, suscetíveis de serem estudadas enquanto tais, cada uma como um todo. Mas o que constitui a unidade desse todo?

A unidade de um pensamento, em nossa perspectiva, não se define em razão do fato de seus autores pertencerem a uma mesma comunidade (nacional, religiosa, linguística...), nem em razão da identidade dos assuntos tratados, ou da inscrição desse pensamento num mesmo perímetro espaçotemporal. A unidade do pensamento significa muito simplesmente *unidade da problemática*. Que os autores desse pensamento tenham tratado ou não de assuntos idênticos, que tenham chegado ou não às mesmas conclusões, que tenham vivido ou não na mesma época, sob os mesmos céus ou em regiões diferentes, tudo isso é muito pouco significativo, do nosso ponto de vista, pois não é isso que participa de maneira determinante na constituição da unidade do pensamento. O que determina e constitui a unidade de um pensamento num período histórico dado é a unidade da problemática no interior desse pensamento.

Mas justifiquemo-nos por essa afirmação, esclarecendo, em primeiro lugar, a significação do termo "problemática" neste contexto: uma problemática é uma rede de relações tecida, no seio de um dado pensamento, num conjunto de problemas que se inter-relacionam de tal maneira que é impossível resolvê-los isoladamente, pois só podem ser resolvidos – no nível teórico – globalmente. Em outras palavras, uma problemática é uma teoria cujas condições de constituição ainda não estão reunidas, uma teoria em devir, uma propensão à estabilização do pensamento.

Ilustremos esta definição com o auxílio de um exemplo familiar: o exemplo do que chamamos de "pensamento árabe moderno", o do "Renascimento árabe" *(nahḍa)*. É porque esse pensamento trata uma única e mesma problemática, a problemática do Renascimento *(nahḍa)*, que ela constitui uma unidade. Falamos de uma problemática do Renascimento de preferência a um problema do Renascimento, pois o que preocupava os pensadores árabes da "época do Renascimento" não era um problema singular, mas sim um entrelaçamento de problemas imbricados uns nos outros, impossíveis de se resolver isoladamente, ou mesmo impossíveis de se analisar cada um por si, sem ligá-los aos outros (a invasão europeia, o despotismo turco, a miséria, o analfabetismo, a educação, a língua, a condição feminina, a ausência de unidade nacional etc.).

O pensamento da época do Renascimento árabe, ao tratar esses problemas, percebia-os globalmente. Ao levantar qualquer um deles, tinha necessariamente de colocar os outros, ou pelo menos tratar de alguns dos seus aspectos. Pois, no seio de uma problemática, o que importa é menos o problema em si do que o papel desempenhado por esse problema como elemento da problemática. Na maneira, por exemplo, como um Qāsim Amīn[10] trata o problema da condição da mulher, o que o preocupa não é tanto a mulher enquanto entidade isolada, quanto a promoção da mulher como fator do renascimento, de que a emancipação representa um desafio na problemática do Renascimento.

Por isso, quando Qāsim Amīn teve de analisar a condição da mulher árabe, foi obrigado a colocar os problemas da edu-

10 Jornalista e literato egípcio (1865-1908). Discípulo de Muḥammad 'Abduh, tornou-se célebre por suas posições favoráveis à emancipação da mulher.

cação, da democracia, da tradição e dos costumes, da língua, em suma, tratar do conjunto da problemática do Renascimento.

A unidade ou a globalidade de um pensamento podem ser observadas tanto no conjunto da produção dos autores desse pensamento quanto na obra de um só deles. Em outras palavras, a unidade de um pensamento, enquanto é determinada pela unidade da problemática, organiza-se da mesma maneira tanto no nível da época – que representa o campo histórico específico em que se desenvolveu a produção de todos os pensadores dessa época – quanto no nível da obra de qualquer um destes últimos. Por isso, é necessário, para ler a obra de um autor, pensá-la no interior da produção intelectual do período--campo histórico em que ela se inscreve.

Cumpre acrescentar, por outro lado, que a problemática de um pensamento dado geralmente separa os umites da sua produção propriamente dita, para estender-se ao conjunto dos modos de pensamento possíveis no campo desse pensamento. Pluralidade das visões não significa necessariamente pluralidade das problemáticas. As questões colocadas por vários pensadores inscritos numa mesma problemática poderão diferir, ao passo que as respostas que eles darão a elas serão idênticas, semelhantes ou complementares. Ou ainda, as questões poderão ser idênticas, mas as respostas dadas, divergentes. Às vezes, também, serão colocadas questões a que não se responderá, ou se responderão questões que não terão sido colocadas. Todos estes fenômenos não afetam em nada a unidade da problemática, mas, pelo contrário, revelam sua fecundidade, sua coerência e seu poder de integração de um grande número de modos de pensamento. Em outras palavras, o campo de uma problemática não se limita aos problemas que ela exprime, mas compreende todas as suas potencialidades inexpressas. É por isso que uma problemática não permanece necessariamente restrita a um perímetro espaçotemporal, mas permanece suscetível de acolher em seu seio toda produção ulterior, enquanto não tiver sido ultrapassada.

(Podemos dizer, por exemplo, que a problemática da conciliação entre transmissão *(naql)* e razão *('aql)*, em que se inscrevia o pensamento árabe medieval, permaneceu aberta até o presente, ou antes foi reaberta na época do Renascimento árabe, pois ainda hoje certas pessoas continuam pensando nas mesmas condições que os medievais.)

b) Historicidade do pensamento: campo cognitivo e conteúdo ideológico

As observações acima levam-nos a abordar a segunda das constâncias da visão que anima nossa leitura da produção filosófica no pensamento islâmico: a historicidade do pensamento, ou seja, sua relação com a realidade política, sociológica, econômica e cultural de que ela é o produto, ou, pelo menos, no interior da qual ela se desenvolveu.

Afirmar que a problemática não está restrita a um perímetro espaçotemporal, que permanece suscetível de acolher em seu seio toda produção ulterior enquanto não for superada, leva-nos a nos interrogar sobre a relação entre pensamento e real e, portanto, entre pensamento e história. Entre estes dois fenômenos existe, com efeito, uma relação complexa, não que ela não possa ser analisada, mas sim porque permanece irredutível a esquemas preestabelecidos e porque exige que adaptemos sua análise para bem compreendermos a relação. O campo histórico de um pensamento não corresponde necessariamente a uma história periodizada em razão de sucessões dinásticas, de mutações econômicas, de guerras ou de outros fatores não necessariamente determinantes para a evolução do pensamento. A independência relativa – entretanto, no mais das vezes, real – do pensamento com relação a eles obriga-nos a recorrer aos constituintes inerentes ao próprio pensamento para cingirmos o seu campo histórico. O que aqui entendemos por "campo histórico" de um pensamento corresponde, portanto, na realidade, ao "tempo de vida de uma problemática" ou à sua "era": é o período durante o qual uma mesma problemática persiste na história de um dado pensamento.

O campo histórico de um pensamento define-se em função de duas instâncias:

- o *campo cognitivo* que circunscreve o movimento desse pensamento e que se compõe de uma "matéria cognitiva" e, portanto, de um dispositivo conceitual (noções, conceitos, princípios, método, visão etc.) homogêneos;
- o *conteúdo ideológico* de que é portador esse pensamento, ou seja, a função ideológica (político-social) à qual o autor ou os autores desse pensamento subordinam a matéria cognitiva.

Para poder definir o tipo de relação que existe entre estas duas instâncias e, com isso, os laços que convém estabelecer entre pensamento e real, é preciso entender que a problemática teórica, que constitui a unidade de um pensamento, é fundamentalmente de ordem cognitiva, na medida em que resulta da coexistência de contradições no interior de um dado campo cognitivo e persiste, por isso, enquanto permanecerem as condições epistemológicas positivas que determinam esse campo cognitivo; ao passo que os conteúdos ideológicos em vista dos quais é empregada essa matéria cognitiva, por seu lado, não resultam dessa espécie de contradições, mas sim de um outro tipo de contradições e de conflitos (ideológicos), que se originam não no grau de evolução de um dispositivo cognitivo, mas sim no estádio da evolução de uma sociedade. E como o desenvolvimento do conhecimento não segue necessariamente o mesmo ritmo que a sociedade, os conteúdos cognitivo e ideológico veiculados por um mesmo pensamento não são necessariamente concomitantes. Na maioria dos casos, um até pode estar adiantado ou atrasado em relação ao outro. Ou seja, inscrever-se numa mesma problemática e num mesmo campo cognitivo não implica *de facto* o compromisso com a mesma ideologia, nem que a matéria oferecida por esse campo cognitivo seja empregada para objetivos ideológicos idênticos.

Muitas vezes acontece até o contrário: um mesmo sistema cognitivo, ou até uma mesma ideia, é capaz de veicular conteúdos ideológicos opostos.

Por esta razão, embora seja relativamente fácil vincular o pensamento de determinado filósofo ao campo cognitivo em que se inscreve, com o auxílio de dados fornecidos pela história das ciências e do saber em geral, não podemos, em compensação, para determinar o conteúdo ideológico que o pensamento veicula, referir-nos a nada que não seja o próprio pensamento. Com efeito, as ambições políticas ou sociais refletidas por uma dada ideologia em geral não coincidem, historicamente, nem com as matérias cognitivas que a ideologia manipula, nem com o momento de evolução da sociedade na qual ela se manifesta. Se pensarmos, além disso, que a filosofia é, por natureza, um dos modos de pensamento mais abstratos que existem, que ela tende a "depurar" ao máximo a matéria fornecida pelo campo cognitivo, compreenderemos com facilidade até que ponto pode mostrar-se complexa a relação entre pensamento filosófico e real sócio-histórico. É uma relação no mais das vezes indireta, que toma o caminho de outras formas de consciência, religiosa ou política, e reflete aspirações concebidas fora do perímetro do espaço e do tempo, em avanço ou em atraso em relação ao seu tempo. É em função dessas aspirações que o pensador empregará a matéria cognitiva de que dispõe, para finalmente representá-las sob a forma de um produção que se pretende puramente científica.

c) A filosofia islâmica: algumas leituras da filosofia grega

Nossa insistência na necessidade de distinguir entre os conteúdos cognitivo e ideológico veiculados por um mesmo pensamento não vem somente de uma necessidade metodológica. É a realidade do pensamento filosófico no Islã que no-la impõe. Toda a atividade dos filósofos muçulmanos está centrada ao redor de uma mesma problemática, que habitualmente designamos como a problemática da "conciliação entre razão e transmissão". Os primeiros a levantar esta questão foram os mu'tazilita,[11] lançando o seu *credo:* "a razão é superior ao dado transmitido", seguidos pela escola dos filósofos do Oriente, que culminou na pessoa de Avicena,[12] e cujos representantes não cessaram de trabalhar para a incorporação da estrutura do pensamento "científico" (grego) na do pensamento religioso (islâmico), movidos pela convicção de que o primeiro representava a concepção racional, "científica" do homem e do universo, e o segundo, a verdade "absoluta", bem como a sua identidade cultural.

As possibilidades de inovação de que dispunham os filósofos muçulmanos eram, portanto, muito reduzidas: os filósofos não liam seus predecessores na perspectiva de completar a obra destes últimos, ou de superá-los; pois, sendo uns e outros leitores de outros filósofos, os gregos (em particular Platão e Aristóteles), dão, na realidade, ao observador que se limitar a considerar a sua produção do ponto de vista da matéria cognitiva que ela propaga, a impressão de simplesmente se repetirem uns aos outros. Em outras palavras, o que chamamos de "filosofia islâmica" não passou pela atividade de uma leitura contínua e renovada de sua própria história, a exemplo da filosofia grega ou da filosofia europeia de Descartes até hoje. A filosofia no Islã sempre se baseou em leituras individuais que tinham como objeto uma filosofia estrangeira, a filosofia grega. Essas leituras

---

11 Escola racionalizante de teologia dialética *(kalām)*, que exprimiu a doutrina oficial do Estado abácida de 211/827 a 232/847. O pensamento dos mu'tazilitas organizou-se principalmente ao redor das questões da Unicidade e da Justiça (divinas). Desenvolvendo a ideia da transcendência absoluta de Deus em relação ao mundo, abriram um campo mais amplo à interpretação do Texto por parte da razão e afirmaram a noção de responsabilidade do homem quanto aos seus atos. Nessa época, a atitude mu'tazilita refletia as aspirações de uma elite esclarecida diante da atitude tradicionalista majoritária, representada pelo grande tradicionista Ibn Ḥanbal.

12 Cf. nota 5.

trataram a mesma matéria cognitiva com diversas intenções ideológicas.

É necessário distinguir o conteúdo ideológico do conteúdo cognitivo na filosofia islâmica para poder discernir a abundância, a variedade e a dinâmica desse pensamento e reinscrevê-lo no contexto de seus compromissos sócio-históricos. Efetivamente, aqueles que se limitarem – a exemplo da maior parte dos observadores – a considerá-lo do ponto de vista de seu conteúdo cognitivo (científico e metafísico) ali só encontrarão opiniões e discursos sempre novamente recomeçados, que só diferem pela maneira como seus autores os expõem, focalizam sua atenção neste ou naquele tema, ou por seu grau de concisão. Concluirão fatalmente, então, quer o reconheçam, quer não, pela esterilidade desse pensamento. Mas se considerarmos o pensamento filosófico no Islã do ponto de vista da ideologia por ele veiculada, descobriremos que se trata de um pensamento móvel, regido por seus próprios princípios e por sua própria problemática, cheio de contradições férteis.

O maior erro cometido pelos historiadores do pensamento islâmico, antigos ou modernos, orientalistas ou árabes, consistiu em considerá-lo unicamente sob o seu aspecto cognitivo. É por isso que nunca encontraram nele matéria para dele escrever uma história viva e dinâmica: Shahrastānī,[13] em seu *Kitāb al-Milal wa al-niḥal* só viu na filosofia uma sequência de discursos repetitivos. Por isso, contentou-se em expor as doutrinas dos filósofos através de um só livro, o *Kitāb al-Najāt,* de Avicena.

---

13 Muḥammad b. ʻAbd al-Karīm al-Shahrastānī (469-548/1076-1153), nascido na cidade de Shahrastān no Khurāsān (leste do Irã). Teólogo ash'arita, é conhecido principalmente por seu *Kitāb al-Milal wa al-niḥal (Livro das religiões* e *das seitas),* obra clássica de doxografia, cuja preocupação com a precisão e com o rigor geralmente se concorda em reconhecer. O autor passa ali em revista todos os sistemas filosóficos e religiosos que conhecia, classificando-os de acordo com seu afastamento cada vez maior da "ortodoxia" islâmica (ash'arita), desde os mu'tazilitas até as crenças dos hindus, passando pelos xiitas, os bāṭnistas, a "gente do Livro" etc.

Quanto aos orientalistas, geralmente nela viram apenas uma "filosofia grega escrita em caracteres árabes". Mesmo aqueles que dentre eles quiseram escapar a este juízo carente de lógica histórica formulado por E. Renan[14] apresentaram, apesar de tudo, a história da filosofia islâmica como uma simples repetição da história da filosofia grega, reproduzindo a divisão em escolas própria desta última, e as etapas de seu desenvolvimento. A partir daí, decretou-se que houvera "naturalistas" do Islã, "adeptos" muçulmanos de Platão e de Aristóteles relidos pelos neoplatônicos, a exemplo de T. J. De Boer,[15] que continua sendo, porém, um dos melhores orientalistas que escreveram sobre o assunto. Os pesquisadores árabes contemporâneos, por seu lado, seguiram alguns o caminho de Shahrastānī, lendo os filósofos muçulmanos apenas através de um único de seus representantes (Avicena ou Fārābī), quando não imitaram simplesmente a De Boer em sua maneira de assimilar a filosofia islâmica à filosofia grega, não raro, aliás, com menos inteligência que seu mestre ou seu tradutor e comentador Abū Rīda. Embora tenha havido algumas tentativas recentes de superar o método dos antigos, ou o dos orientalistas modernos e seus alunos, estas permaneceram encerradas em esquemas preconcebidos e utilizaram o método dialético como um método

---

14 Ernest Renan (1823-1892). Escritor, pensador, semitista e filólogo francês. Dedicou-se a pesquisas sobre a história e a origem das religiões (judia e cristã), na perspectiva de compreender o fenômeno religioso através da abordagem filológica. É o autor de uma obra intitulada *Averrois e o averroísmo*. Sua avaliação da produção intelectual árabe-islâmica fundamenta-se numa teoria racialista que contrapõe o gênio semítico, mítico e religioso, ao gênio ariano, racional e científico. Segundo ele, o pensamento filosófico entre os "semitas" só podia ser, portanto, uma imitação estéril do pensamento grego.

15 Orientalista alemão, autor de uma história da filosofia islâmica publicada em 1901, com o título *Geschichte der Philosophie im Islam*. Este livro é a primeira síntese da história do pensamento islâmico realizada na época moderna. Traduzida em árabe e anotada em 1938 por M. A. Abū Rīda, tornar-se-á uma referência sempre presente entre muitos universitários árabes.

já aplicado, mais do que como um método a aplicar. Elas levaram a uma escritura da história do pensamento islâmico que reproduzia de modo cego a evolução geral do pensamento humano, mesclando o particular com o geral, uma história em que o específico tinha como única vocação servir para justificar a validade do método.

Todos estes erros cometidos em relação à história da filosofia islâmica não se devem senão à confusão entre os conteúdos cognitivo e ideológico desse pensamento. Uma vez que é o conteúdo cognitivo que se exprime mais imediatamente nos textos e que este é diretamente tomado da filosofia e das ciências gregas, aqueles que cometiam essa confusão não podiam evitar apresentar o pensamento filosófico no Islã como um corpo inerte, e suas contribuições como pálidas cópias de "originais" gregos ou do pensamento universal. Aqueles que, apesar de tudo, pretenderam ler nessas "cópias" uma aparência de dinâmica não puderam fazê-lo sem decalcar o pensamento islâmico sobre os esquemas preconcebidos que constituem seu credo e a partir de cujo modelo redesenham a realidade. Na filosofia grega, os conteúdos cognitivo e ideológico passaram por um desenvolvimento globalmente paralelo, o primeiro graças ao progresso científico, o segundo graças à evolução da sociedade. Quantas etapas percorridas, de Tales a Aristóteles, no desenvolvimento solidário da consciência científica e da consciência ideológica! Ainda mais impressionante é esse paralelismo no pensamento europeu moderno. Em compensação, ao longo de toda a época helenística e da era medieval, tanto no mundo cristão como no Islã, a matéria cognitiva tratada pelo pensamento filosófico permaneceu a mesma. Só variava o uso ideológico que se fazia dela.

Isso não quer dizer que a ciência não tenha realizado nenhum progresso na época da civilização árabe-islâmica. Os formidáveis progressos realizados no campo da matemática, graças a Khawārizmī,[16] a Karkhī[17] e a Samaw'al-Maghribī,[18] da astronomia, graças a Battānī,[19] da medicina, graças a Rhazés,[20] Avicena e outros, efetivamente permitiram que a ciência, ao longo da história árabe-islâmica, ultrapassasse etapas capitais, mas que não afetaram de maneira notável as concepções dominantes dos filósofos da época, o que, aliás, ela não podia fazer. Duas razões explicam que os filósofos não tenham de sofrer a influência desses desenvolvimentos científicos: em

16 Muḥammad b. Mūsà al-Khawārizmī. Nascido por volta de 184/800, morto em 232/847. Matemático e astrônomo originário do Khawārizm, no Irã. Foi um dos sábios chamados a Bagdá pelo califa al-Ma'mūn. Autor de *Tábuas astronômicas,* que foram traduzidas em latim, é conhecido sobretudo como teórico da álgebra, por sua *Al-Maqāla fī ḥisāb al-jabr wa al-muqābala,* traduzida em latim no século XII, com o título de *Liber Algebrae et almucabola.*

17 Abū Bakr al-Karkhī (ali al-Karajī), morto depois de 409/1019. Matemático de Bagdá. É o autor de trabalhos sobre a álgebra e a aritmética, entre os quais *Al-Kāfī fī al-ḥisāb,* compêndio de aritmética, de álgebra e de cadastro.

18 Samaw'al b. Yaḥyā al-Maghribī, (morto por volta de 570/1174). Lógico, matemático e médico judeu originário do Maghreb. Residiu em Bagdá e converteu-se ao Islã. É o autor em especial de um tratado de medicina, *Al-mufīd al-awsaṭ,* e de trabalhos de geometria.

19 Abū 'Abdallāh Muḥammad al-Battānī, o Albategnius dos latinos (244-317 / 858-929). Astrônomo de origem ḥarrāniana. Viveu em Raqqa (norte da Síria). Sua família professara a religião dos sabeístas (cf. nota 27 do capítulo 5). É o autor de uma obra de astronomia, *al-Zīj (Tratado* e *tábuas astronômicas).*

20 Abū Bakr Muḥammad b. Zakariyyā al-Rāzī, o Rhazés dos latinos (236-313/ 850-925). Às vezes é confundido com seus homônimos Fakhr al-Dīn al-Rāzī, filósofo e teólogo do século VI/XII, e Quṭb al-Dīn al-Rāzī, pensador iluminista aviceniano do século VIII/XIV. Rhazés foi um médico reputado e um filósofo de tendência pitagórica, que defendeu certas ideias muito ousadas. Foi diretor do hospital de Rayy (cidade ao sul da atual Teerã), Sua cidade natal, e exerceu as mesmas funções em Bagdá. Sua maior obra de medicina foi *Al-Ḥāwi,* também conhecida sob o nome de *Al-Jāmi',* ou compêndio de medicina, que foi traduzido em latim em 1279, com o título de *Liber continens* e circulou amplamente pelos círculos médicos até o século XVI. Além de todos os aspectos da medicina, suas obras tratam de filosofia, de alquimia, de astronomia, de gramática, de teologia, de lógica e de outros campos do saber.

primeiro lugar, o fato de que os progressos da pesquisa científica realizados nessa época nunca ultrapassaram realmente o campo cognitivo herdado dos antigos, no interior do qual estes progressos constituiriam apenas o prolongamento de um saber científico anterior; em segundo lugar, o fato de que os próprios filósofos muçulmanos nunca tiveram como preocupação principal produzir concepções sobre um novo fundo, mas sim conciliar a concepção religiosa do mundo com a razão e legitimar a concepção racional de um ponto de vista religioso. É por isso que a filosofia islâmica foi continuamente um discurso ideológico, e é também por isso que aquele que permanece surdo a esse discurso e considera a filosofia islâmica com os mesmos olhos que a filosofia grega ou a filosofia europeia condena-se a só reter dela uma história "imóvel", sem progresso e sem dinâmica.

A filosofia islâmica jamais conheceu a atividade de uma leitura contínua e renovada de sua própria história, de suas próprias conquistas epistemológicas e metafísicas. Sempre se baseou em leituras de uma filosofia estrangeira, a filosofia grega. A novidade de sua contribuição deve, portanto, ser procurada não nas contribuições cognitivas que ela abordou e propagou, mas sim na função ideológica que cada filosofia atribuiu a esses conhecimentos. É aí que poderemos encontrar um sentido, uma história para a filosofia islâmica.

Parte II

PENSAMENTO FILOSÓFICO E IDEOLOGIA

CAPÍTULO 3

DINÂMICA HISTÓRICA DA FILOSOFIA ÁRABE-ISLÂMICA

Sem dúvida, nenhum grande momento do pensamento humano foi – e continua sendo – mais injustamente tratado pelos historiadores do pensamento do que a filosofia islâmica. Os historiadores antigos, doxógrafos, consideram-na um produto estrangeiro e um conjunto de "ciências importadas", contra o qual se erguem, e a tratam como uma órfã ou mesmo uma bastarda. Alguns autores árabes contemporâneos, que ressuscitam em seus escritos os conflitos do passado, neles se envolvendo, conscientemente ou não, ainda repercutem os ecos desse juízo e adotam para com a filosofia islâmica a mesma postura que os teólogos antigos, assumindo ora a personalidade de um Algazel,[1] ora a de um Ibn Taymiyya,[2] mais raramente

1 Cf. nota 4 do Capítulo 2.

2 Taljiy al-Dīn Aḥmad b. Taymiyya (661-728/1263-1328). Nasceu em Ḥarrān (Mesopotâmia do Norte) e morreu na prisão, em Damasco. Foi uma figura importante da teologia tradicionalista ḥanbalita e, por conseguinte, um representante da tendência mais oposta à dos filósofos. É o autor do *Al-Hadd 'alà al-manṭiqiyyīn* (A *refutação dos lógicos),* que se ergue contra os abusos da filosofia e da teologia, e contra as teses principais dos grandes filósofos (Fārāhī, Avicena),

aquela, menos parcial, de um Shahrāstanī. Quanto aos orientalistas e aos pesquisadores árabes que seguiram seus passos, limitam-se a considerá-la um prolongamento da filosofia grega da época helenística, o que mais uma vez equivale a fazer dela um corpo estranho, totalmente isolado na sociedade árabe-islâmica. Alguns desses orientalistas não hesitam, também eles, em ressuscitar, à sua maneira, as tensões do pensamento árabe medieval, acusando a filosofia islâmica de inconsistência e de esterilidade e tomando partido pela teologia e pelo sufismo. As pesquisas dos intelectuais árabes de esquerda, por seu lado, só se distinguem do resto ao prolongarem em suas grandes linhas as teses em que se inspira o materialismo histórico, e falam ora de luta de classes, ora de "conspiração histórica", ora de luta entre "materialismo" e "idealismo", sem nunca ultrapassarem os quadros gerais de seus esquemas preconcebidos.

Se todas estas posições diferem quanto às suas fontes de inspiração e quanto às suas metas, em contrapartida elas levam todas ao mesmo resultado: dissociar o pensamento filosófico do Islã de seu contexto cultural, político, social e civilizacional, o que equivale a desfigurar a sua identidade e o seu papel e a elidir o curso real de sua evolução.

Para desalienar a consciência que os árabes têm de sua história, convém "recolocar as coisas em seu lugar", no coração mesmo dessa história e, em primeiro lugar, revisar esse conjunto de concepções anti-históricas que moldaram – e ainda moldam – a consciência árabe de hoje, impondo-lhe uma representação de sua história que dissemine sua coerência. A filosofia árabe-islâmica, um pedacinho dessa história, é a primeira vítima dessas concepções: sua "história" sempre foi escrita fora de sua

---

para preconizar um retorno aos métodos ortodoxos dos Antigos *(salaf)*. Ficou famoso por suas críticas virulentas contra o xiismo e contra o sufismo (Ibn 'Arabī). Inspirou, alguns séculos mais tarde, o que se pôde chamar de renascimento ḥanbalita moderno, a saber, o movimento wahhābista, no século XVIII, e depois a reforma fundamentalista salafīta, no século XIX.

própria história, aquela que ela ajudou a fazer. Esse pensamento que convidamos mais acima a examinar como um todo, como uma unidade, na medida em que se organiza ao redor de uma única e mesma problemática, fazia ele próprio parte, em sua época, de um todo mais amplo e constituía um elemento no interior de um conjunto: a sociedade árabe-islâmica medieval enquanto totalidade, que englobava o econômico, o social, o cultural, o religioso etc. É, portanto, no quadro dessa unidade e à luz de suas contradições e de seus conflitos que é preciso considerar essa filosofia, se quisermos realmente escrever sua história na história mesma, e não num outro lugar indefinido.

Considerada desta maneira, a filosofia árabe-islâmica revelar-se-á como um discurso ideológico militante, comprometido no serviço da ciência, do progresso e de uma concepção dinâmica da sociedade, o que significa que os seus inimigos sempre se recrutaram entre os elementos retrógrados e conservadores da sociedade, entre aqueles cujo interesse étnico ou de classe incitava a fazer recuar a história.

Isso fica claro já na época em que foram iniciados os primeiros trabalhos de tradução em língua árabe dos grandes textos da filosofia grega. Este trabalho, realizado no começo da época abácida, em sua maior parte sob o reinado do califa al-Ma'mūn,[3] não foi de modo algum uma operação "inocente", um trabalho cultural "neutro" que decorresse naturalmente da evolução intelectual da época. Ele se inseria, pelo contrário, numa vasta estratégia empregada pela nova dinastia abácida para enfrentar forças hostis, e especialmente uma aristocracia persa que, desejosa de desforra, resolvera combater na frente

3 Sétimo califa abácida (198-218/813-833). Filho de Hārūn al-Rashīd e de uma concubina persa. Em 211/827, proclamou o mu'tazilismo (cf. a nota 11 do Capítulo 2) como doutrina de Estado, e assim se contrapôs aos meios tradicionalistas. Fundou uma instituição científica de prestígio, a Casa da Sabedoria *(bayt al-ḥikma),* para favorecer a tradução e a difusão de obras de ciência gregas.

ideológica, depois de terem fracassado as suas ofensivas nas frentes política e social.[4]

Essa aristocracia, que aderira à causa dos "descendentes da família do Profeta" *(ahl al-bayt)*[5] quando de sua revolução con-

---

4 Os autores árabes antigos contam que o califa al-Ma'mūn teria mandado traduzir as obras de Aristóteles, porque o teria visto em sonhos. Este acontecimento é contado nos seguintes termos por Ibn al-Nadīm (morto em 385 /995), o autor do *Fihrist* (*O catálogo*): "O califa al-Ma'mūn viu em sonhos um homem de pele clara e corada, de fronte ampla; as sobrancelhas eram unidas; era calvo e tinha olhos azuis escuros; suas maneiras eram gentis; estava sentado em seu trono. Eu estava, disse al-Ma'mūn, por assim dizer bem junto a ele e senti muito medo. Perguntei-lhe: quem és? Ele me respondeu: Sou Aristóteles. Isto me alegrou e eu lhe disse: Ô sábio, vou te interrogar; ele me disse: interroga. Disse-lhe: que é o bem? Respondeu-me: o que está bem segundo a razão. Disse-lhe: e depois? Respondeu: o que está bem segundo a lei divina. Disse-lhe: e depois? Respondeu: o que está bem aos olhos do vulgo. Disse-lhe: e depois? Respondeu: depois, não há depois." (Ibn al-Nadīm, *Kitāb al-Fihrist*, ed. Yüsllf Tawll, p.397).* M. A. al-Jabri observa que estas respostas de Aristóteles caem como uma luva para fortalecer as posições da escola mu'tazilita: a razão em primeiro lugar, depois a revelação, depois a opinião comum. Quanto à frase "depois, não há depois", ela significa que não há outro caminho de acesso ao conhecimento. Trata-se de uma refutação clara da gnose e do iluminismo. Esse "sonho" está, portanto, voltado contra o gnosticismo dos maniqueus...

* Talvez seja interessante ler o restante desse trecho: "e, em outro relato, acrescente-se: 'Eu disse: dá-me mais. Respondeu [Aristóteles]: quem te der conselhos de ouro, de ouro seja a posição dele junto a ti. E persevera no tawḥīd [doutrina da unicidade divina]'. Este sonho foi um dos mais fortes motivos para a propagação dos livros: Ma'mūn, que já se correspondia com o rei da Grécia, pediu-lhe insistentemente autorização para copiar tudo que escolhesse das ciências antigas, guardadas como tesouro na terra dos gregos. O rei enfim anuiu, após um período de recusa, e então Ma'mūn enviou um grupo de pessoas... as quais levaram tudo o que escolheram entre o que encontraram, e quando carregaram aquilo até Ma'mūn, ele ordenou-lhes que fosse traduzido, e então aquilo foi traduzido." *(Fihrist,* op. cit.,p.397-8) (N. R.)

5 A expressão "descendentes da família do Profeta" ou "gente da Casa" *(ahl al-bayt)* designa a descendência de 'Alī Ibn Abī Ṭālib, primo e genro do Profeta Muḥammad e de Fátima, filha do Profeta. Uma parte da oposição político-religiosa ao poder omíada, tendo-se cristalizado ao redor das pretensões ao "Imamato" dos membros dessa linhagem, está na origem do ramo *xiita* do Islã. Durante o período que precedeu

tra o Estado omíada, compreendera perfeitamente que o poder na sociedade árabe-islâmica da época era antes de tudo de ordem ideológica. Era a ideologia (no caso, a religião islâmica) que garantia a dominação secular, contribuindo para atenuar ou sublimar conflitos tribais, para sufocar ou desviar (através das conquistas) conflitos sociais. Assim, essa aristocracia decidiu travar o combate no próprio terreno em que residia a força do Estado árabe, no terreno da ideologia. A arma que iria utilizar para chegar aos seus objetivos seria a sua própria herança cultural e religiosa, fundada no gnosticismo, ou seja, na crença na existência de uma fonte de conhecimento outra que a razão, a iluminação ou inspiração divina, que só é interrompida com o fim da profecia,[6] "revelação contínua" que não deixa nenhum lugar para a razão nem para a transmissão.

A aristocracia persa desencadeou, portanto, uma ampla ofensiva ideológica, utilizando um patrimônio religioso-cultural que tinha suas fontes no zoroastrismo,[7] no

---

a revolta abácida contra o poder dos omíadas de Damasco, haviam-se propagado pelo Irã sentimentos de fidelidade à descendência do Profeta, sustentados por propagandistas secretos *(du'āt)* vindos do foco iraquiano. Muitas tramas de obediências diversas haviam-se misturado nessa ação, que era obra de um movimento revolucionário e que nutria as esperanças de pretendentes a títulos variados, indo dos descendentes de 'Alī aos de Al-'Abbās, tio do Profeta. Estes últimos, depois de terem derrotado os partidários de 'Alī, fundariam a dinastia abácida.

6 Na tradição islâmica, a Revelação do Alcorão é designada como a última das revelações dirigida por Deus aos homens, e o profeta Muḥammad como o "selo dos profetas".

7 Religião antiga do Irã, nascida de uma reforma do masdaísmo de origem indo-iraniana. Era a religião oficial da época sassânida, antes da conquista islâmica. Suas origens remontam a cerca de 700 ou 800 a. C. Seu fundador, Zoroastro (Zaratustra) é o autor de hinos, os *Gāthā*, que foram posteriormente incluídos no livro sagrado adotado pelos zoroastrianos, o *Avesta*. Entre os seus ensinamentos, que marcaram certas religiões ulteriores, podemos citar a doutrina da ressurreição *post mortem*, a existência da alma, do Paraíso e do Inferno, o fim dos tempos e do mundo depois de um combate entre as forças do Bem e do Mal, a crença num

maniqueísmo[8] e no masdaísmo,[9] para desacreditar a religião dos árabes, solapar os seus fundamentos e, assim, derrubar o Estado-poder árabe. O jovem Estado abácida teve de enfrentar esses ataques: em resposta, encorajou os teólogos mu'tazilitas, adotou oficialmente a doutrina deles, e, por outro lado, mandou importar, traduzir e difundir obras científicas e filosóficas vindas dos inimigos hereditários dos persas (os gregos bizantinos). O famoso "sonho" do califa al-Ma'mūn, tenha sido ou não real, em todo caso não era de modo algum inocente. Não aconte-

---

Juízo Final universal. O Alcorão chama os zoroastrianos de *Majūs*. Desde a época do califado de 'Umar b. al-Khaṭṭāb, as autoridades islâmicas reconheceram o estatuto dos zoroastrianos como "gente do livro" *(ahl al-kitāb)*, dotados de uma religião revelada. Tinham o estatuto de tributários *(dhimmī-s)* e não podiam ser obrigados a abraçar o Islã.

8 Religião de Mani, personagem nascido em 216 d. C. e originário da Mesopotâmia, oriundo de uma seita judeu-cristã "batista", e que fundou às vésperas da constituição do império persa sassânida a sua própria religião. Mani foi apoiado pelos primeiros sassânidas, que viam em sua doutrina "sincretista" um possível apoio a seu poder imperial e supranacional. Mas teve de enfrentar um movimento de reação do clero masdeísta, que acusou de heréticos *(zindīq-s)* os partidários de Mani. Mani foi preso e, segundo os seus adeptos, martirizado, provavelmente em 277. A doutrina de Mani apresentava-se como a verdade interior e secreta de todas as religiões. Reunia elementos do cristianismo, do zoroastrismo, do paganismo helênico, do budismo e do taoísmo. Fundamentava-se no princípio do dualismo, segundo o qual o Bem e o Mal são ambos polos ativos da mesma realidade, possuindo ambos uma essência e uma realidade independente da do Outro. A cosmologia maniqueísta recorre à ideia de uma criação por emanação do "deus bom" nas trevas. A luz e as trevas coexistem no mundo, e a salvação dos bomens consiste em salvaguardar a luz neles escondida. O maniqueísmo subsistiu como crença e como organização "clandestina" fortemente estruturada. Representará uma ameaça real para o poder muçulmano no início da época abácida, quando foi combatido sob o nome de *zandaqa*.

9 Religião de Mazdak (século VI d. C.), sacerdote masdeísta que entrou em dissidência com a ortodoxia zoroastriana. Pregou que as mulberes e os bens fossem postos em comum, e o dualismo a exemplo de Mani. O imperador da Pérsia Kavadh, o Qubādh dos árabes (488-531), aderiu a esse culto, mas acabou sendo convencido de seu caráter não ortodoxo. Mazdak e seus adeptos foram condenados à morte por Khosraw I Anūshirvan.

ceu por puro interesse por Aristóteles, mas sim para enfrentar Zoroastro e Mani.

A tarefa da futura filosofia árabe-islâmica estava, portanto, claramente definida já na época em que ainda estava no estado de projeto, na época das primeiras traduções. Devia ser uma arma contra a ofensiva ideológica do gnosticismo dirigida contra os próprios fundamentos do Estado.

Mas, por outro lado, era natural que o apoio concedido pelos califas abácidas aos mu'tazilitas – que dissemos ter sido originalmente motivado pela necessidade de resistir à ofensiva do gnosticismo – provocasse a cólera dos "partidários da Tradição profética" *(ahl al-Sunna)*,[10] adversários dos mu'tazilitas, e a ira dos doutores da Lei *(juqahā')* literalistas, que encontraram ambos nos ataques contra as "ciências dos Antigos"[11] e a crítica da filosofia um recurso muito oportuno para exprimir uma oposição velada a um Estado que se mobilizara para traduzir essas obras científicas e difundir a filosofia. A filosofia viu-se, pois, obrigada a enfrentar simultaneamente dois inimigos irredutíveis: o gnosticismo (que seria mais tarde o sufismo) e os doutores da Lei e partidários da Tradição. Os gnósticos, vendo que suas teses podiam ser facilmente condenadas e desacreditadas pela lógica dialética dos mutazilitas, que se baseava num modo de raciocínio que estabelecia a validade do conhecimento do elemento *in absentia*, o objeto por conhecer, a partir de um elemento *in praesentia*, constatável no mundo dos fatos empíricos, método ao qual não podia oferecer resistência um conhecimento fundado na Iluminação,[12] compreenderam o perigo que havia no fato de

10 Isto é, os tradicionalistas, que afirmavam o primado da Tradição sobrc a razão. Esta tendência era representada por mestres como Ibn Ḥanbal (morto em 241/855), que foi perseguido sob o reinado de Ma'mūn, por ter-se recusado a endossar a tese mu'tazilita do Alcorão criado.

11 *'Ulūm al-'awā'il* ou *'Ulūm al-aqdamīn*. Os muçulmanos da época designavam com estes termos todas as ciências herdadas das civilizações antigas (gregas, persas, indianas etc.), filosóficas, médicas, matemáticas, astrológicas ou outras.

12 Acerca das noções de "Indicação" *(bayān)*, de "Demonstração" *(burhān)* e de "Iluminação" *('irfān)* em M. A. al-Jabri, ver a Apresentação deste livro.

que seus adversários dispusessem do monopólio das "ciências dos Antigos", e se abrigaram mais uma vez por trás do biombo do xiismo, mas desta vez de um modo que lhes permitiu recuperá-lo ideologicamente. Os gnósticos, por sua vez, recorreram às "ciências dos Antigos" (em particular às ciências mágicas), e as utilizaram nesse pensamento xiita, sob a proteção da qual agiam agora: daí deveria emergir o ismaelismo[13] e as *Epístolas dos Irmãos da Pureza*.[14] A mesma arma achava-se nas mãos dos dois adversários. A partir daí, os "partidários da Tradição" puderam apresentar-se como a terceira força, a alternativa, o que explica o "golpe de Estado" (contra o

---

13 Fração do xiismo nascida de uma cisão acontecida quando da morte de Ja'far al-Ṣādiq (morto em 148/765), sexto "Imām" da linhagem de 'Alī. Este último havia designado como seu sucessor seu filho Isma'īl, morto prematuramente antes dele, e depois, pouco antes de morrer, passou a investidura a um outro de seus filhos, Mūsà al-Kāẓim. Ao redor do jovem Imām Ismā'īl constituir-se-á um grupo de discípulos particularmente entusiasmados pela atividade científica esoterista do círculo do Imām Ja'far. Estes rejeitaram a segunda escolha de Ja'far al-Ṣādiq e declararam que a linhagem dos Imās estava encerrada com a morte do sétimo Imām, Ismā'īl. Este grupo está na origem da confissão xiita ismaeliana ou septimana. A maioria dos xiitas, que reconhece a legitimidade de Mūsà al-Kāẓim e de seus descendentes até o décimo segundo Imām ("ocultado" em 329/ 940 e "esperado" para o fim dos tempos) constitui a confissão xiita duodecimana.

14 Conjunto de textos científicos e filosóficos redigidos talvez na época do protetorado buyida no Iraque (século IV /X), por uma sociedade filosófico-religiosa de Baṣra, os "Irmãos da Pureza" *(ikhwān al-ṣafā'),* emergida das fileiras dos ismaelianos, que se haviam consagrado à propaganda secreta a partir de 148/ 765. Estas epístolas, que constituem uma espécie de enciclopédia concebida como instrumento de propaganda xiita, dividem-se em quatro grupos: as matemáticas, as físicas, as psicológico-intelectuais e as teológico-jurídicas. A visão filosófica dos "Irmãos" apresenta um caráter de emanacionismo neoplatônico, com um neopitagorismo acentuado. Algumas fontes atribuem a redação das *Epístolas* a um descendente do "Imām" Ismā'īl, contemporâneo do período da "ocultação" da linhagem ismaeliana. Ele teria escrito esses textos para obstar o projeto de seu contemporâneo, o abácida Ma'mūn, de pôr as ciências gregas a serviço de seu projeto político-religioso. Nesta hipótese, as *Epístolas* datariam do século III/IX, como acredita o autor.

mu'tazilismo) sob o califado de al-Mutawakkil.[15] Daí em diante, o debate se cristalizaria ao redor da oposição entre partidários da "transmissão" e partidários da "razão", entre as forças retrógradas e conservadoras detentoras do poder e as forças de oposição, representantes das camadas acendentes da sociedade, que aspiravam a um Estado construído sobre a razão, a fraternidade e a justiça. A filosofia fez-se porta-voz deste movimento.

15 Este califa, que reinou de 232/847 a 247/861, inverteu a política religiosa de seu tio Al-Ma'mūn. Apoiou o seu poder sobre os tradicionalistas, cujo líder Ibn Ḥanbal (cf. nota 10) mandou libertar, e perseguiu os mu'tazilitas.

CAPÍTULO 4

GRANDEZA E DECADÊNCIA DA RAZÃO

A filosofia nunca foi, na sociedade islâmica, um luxo intelectual. Pelo contrário, já no momento de seu nascimento, ela foi um discurso ideológico militante. O primeiro filósofo muçulmano, Kindī,[1] foi um homem diretamente envolvido no conflito ideológico que contrapunha, no seu tempo, os mu'tazilitas, então representantes da ideologia de Estado, aos gnósticos e aos "sunitas". Kindī lutou nas duas frentes: contra

1 Abū Yūsuf Ya'qūb b. Isḥāq al-Kindī (185-260/796-873), descendente da grande tribo sul-arábica de Kinda, o que lhe valeu o apelido honorífico de "filósofo dos árabes". Nascido em Kūfa quando seu pai era governador dessa cidade, estudou em Baṣra, grande centro intelectual, depois se estabeleceu em Bagdá. Ali se beneficiou do mecenato dos califas Ma'mūn, Mu'taṣim (218-227/833-842) e Wāthiq (227 -232/842-847), antes de ser perseguido sob o reinado de Mutawakkil. Por seus numerosos trabalhos acerca de disciplinas tão diversas como a lógica, a metafísica, a aritmética, a medicina, a teologia etc. e por sua atividade em favor ela tradução das obras gregas, contribuiu grandemente para aclimatar as ciências helênicas no pensamento islâmico. Vários de seus tratados filosóficos, traduzidos em latim, eram conhecidos no Ocidente na Idade Média. Seu pensamento é fortemente marcado pelo aristotelismo, como o revela em especial o seu *Tratado da filosofia primeira*.

os gnósticos primeiramente, publicando os resumos das leituras que fazia no campo das ciências racionais, sob a forma de fascículos (epístolas) concisos e de fácil leitura, destinados a divulgar junto ao grande público e à elite dos leitores árabes certo número de concepções racionalistas sobre o homem e o universo, mas respeitando as constantes do pensamento religioso islâmico;[2] e contra os doutores rigoristas da Lei, que descreve como "aqueles que se afastaram da Verdade", aqueles que proclamam sua hostilidade contra a filosofia, "por medo de perderem os cargos que usurpam sem absolutamente merecê-los, por gosto pelo poder e para fazer comércio de religião, que não têm religião – pois aquele que faz comércio com algo o vende, de modo que essa coisa já não lhe pertence. Assim, aquele que faz comércio de religião não tem mais religião, e aquele que se recusa a adquirir o conhecimento da verdade das coisas e a denuncia como impiedade *(kufr)* merece perder a designação de religioso...". Kindī afirma o paralelismo entre a religião e a filosofia e considera que ambas estão de acordo e em harmonia e visam ambas a uma mesma meta: o conhecimento da "Verdade", da verdade de Deus, da natureza e do homem: "Os ditos de Muḥammad, o Verídico – as preces de Deus estejam sobre ele –, bem como a Palavra que lhe foi ditada por Deus – testemunhe-se a Sua Potência e a Sua Grandeza –, tudo isso pode ser apreendido por meio das regras do raciocínio, refutadas apenas pelos homens carentes de racionalidade, que são o mesmo que a ignorância".

Kindī foi, portanto, o iniciador do trabalho de "arabização" e de aclimatação da filosofia à área cultural árabe, graças ao qual a matéria cognitiva tomada das "ciências dos Antigos"

2 Um dos principais pontos ele dicotomia entre o pensamento grego e o pensamento religioso islâmico era o problema da criação ex *nihilo* ou da eternidade do mundo. Kindī estava convencido de um acordo fundamental entre a pesquisa filosófica racional e a revelação profética, mas pensava que cada uma representava um caminho distinto de acesso à Verdade. Próximo da teologia, defendia a tese da criação *ex nihilo*.

pôde ser reempregada no conflito ideológico em que se envolveram os pensadores esclarecidos da sociedade árabe-islâmica de sua época e das épocas posteriores contra forças retrógradas e conservadoras que, por seu lado, recorreram a uma nova utilização tanto do gnosticismo (o sufismo) quanto do literalismo (jurídico e não teológico), apesar da dificuldade de se conciliarem duas tendências tão incompatíveis.

Algumas décadas mais tarde, surgiu Fārābī.[3] Entretanto, ocorreu o "golpe de Estado" sunita contra os mu'tazilitas. Estamos em plena época dos golpes de força das dinastias xiitas – būyda[4] e ḥamdānida[5] – contra um califado que se tornara uma instituição puramente nominal. Teve início o desmembramento do Império árabe em pequenos Estados concorrentes e adversários. O debate ideológico ramificou-se com a multiplicação das doutrinas e das seitas, o que ameaçava ao mesmo tempo a unidade do poder e a perenidade do Estado e, portanto, a unidade do pensamento e a permanência da sociedade. Toda a obra de Fārābī convidará, portanto, esse pensamento e essa sociedade a restaurar sua unidade. Restaurar a unidade do pensamento será superar o discurso racionalista mu'tazilita, segmentarista-atomista, que fracassara em conciliar a razão e a transmissão, adotando o discurso da "razão universal",

---

3 Cf. nota 7 do Capítulo 2.

4 Dinastia de emires iranianos xiitas originária do Daylam (norte do Irã) e fundada em 300/913. Em razão das perturbações políticas e da desagregação que ameaçavam o poder dos califas de Bagdá, ela conseguiu impor a este último uma espécie de protetorado em 334/945. Este regime deveria durar até 447/1055. Apesar de sua obediência xiita, os Būydas jamais questionaram a soberania nominal dos califas abácidas.

5 Dinastia de emires árabes oriundos da tribo de Taghlib, da qual dois ramos conseguiram conquistar uma soberania sobre o noroeste do império abácida, um em Jazīra, com Mossul como capital, e o outro na Síria do Norte, tendo como centro Alepo. Este segundo emirado teve um brilho particular entre 336/947 e 350/961, sob o reinado de Sayf al-Dawla, que travou com bom êxito combates contra os bizantinos e acolheu em sua corte numerosos pensadores e literatos, dentre os quais o grande poeta árabe Mutanabbī e o filósofo Fārāhī.

segundo o qual religião e filosofia só diferem uma da outra por seu meio de expressão: a primeira recorre aos procedimentos dialéticos e retóricos; a segunda, ao método demonstrativo. É por isso que seu antagonismo é redutível, considerando que "o que diz a religião é a alegoria do que diz a filosofia". Restaurar a unidade da sociedade será fundamentar as relações sociais no modelo da harmonia e da hierarquia piramidal que reinam no Universo. Lendo a filosofia política e religiosa de Fārābī nesta perspectiva, descobriremos um pensador muito diferente da imagem que dele costumam dar os manuais de história. Fārābī não foi aquele homem isolado, separado do mundo, a meditar à sombra das árvores num jardim das cercanias de Damasco, mas sim um homem preocupado com os problemas da sociedade em que vivia, assumindo as preocupações de seus contemporâneos, de modo algum desesperado, nem aflito nem cansado da existência. Um otimista que acreditava no progresso e na solução dos problemas através da razão. Foi esta fé que motivou o seu sonho da "Cidade virtuosa", essa cidade da razão, da harmonia, da fraternidade e da justiça, na qual investiu o conjunto das ciências de sua época e, de modo especial, as ciências racionais.

O pensamento de Fārābī foi um projeto ideológico que punha a filosofia e as ciências filosóficas a serviço de uma causa. Sem dúvida, foi o projeto de um idealista, e até mesmo de um sonhador. Mas foi também um discurso racionalista militante, a tal ponto que não é de modo algum ilegítimo perguntar-se se Fārābī não foi, na Idade Média, o Rousseau dos árabes.

Não teria sido normal e nem mesmo concebível que o sucessor de Fārābī, Avicena, tivesse querido ressuscitar o sonho da Cidade virtuosa terrestre construída essencialmente sobre a razão, ele que viveu numa época em que o desmembramento do Império árabe atingira seu cúmulo, em principados situados em terras do Irã, fervorosas protetoras da cultura persa, e num clima cultural marcado pela rivalidade entre os "Orientais", seus compatriotas khurāssānianos, e os "Ocidentais", iraquianos, sírios e outros inimigos hereditários ainda mais ocidentais; e que, ademais, faz pessoalmente, graças a seu cargo de vizir de um soberano būyda, a experiência de uma cidade real, agitada por tantas perturbações e problemas políticos, sociais, econômicos e culturais. Se Avicena adotou, sim, o esquema emanacionista[6] de Fārābī, não foi, portanto, para aplicá-lo à sociedade ou à história, mesmo sob a forma de um sonho, mas sim como uma escada que lhe permitisse elevar-se ao Céu, para reservar, já neste mundo, um lugar para a sua alma no Além.

Esta outra face do "grande mestre"[7] aparece em sua "filosofia oriental",[8] que considera "a verdade não manchada por nenhuma impureza". É preciso revelar em Avicena esse aspecto gnóstico e promotor de um pensamento das trevas, para reavaliar a imagem errônea que formamos de seu

---

6 O emanacionismo é a teoria, elaborada pelo neoplatonismo, segundo a qual os espíritos e os corpos vêm ao ser por um escoamento *(fayḍ)* necessário da potência divina, da mesma maneira como a luz emana do sol. Essa teoria foi tratada na filosofia árabe por Fārābī. Na exposição que ele lhe deu em *As opinões dos habitantes da Cidade virtuosa,* o conjunto da criação resulta da superabundância em perfeição do Uno (Deus), que se expande numa Inteligência primeira, a qual gera, por sua vez, uma Inteligência segunda, através do ato de conceber seu autor, e a esfera celeste extrema, através do ato de se conceber a si mesma. Este processo prossegue por patamares sucessivos, até a geração da décima Inteligência cósmica. As Inteligências determinam o movimento das esferas celestes que regem o mundo sublunar. A contribuição desta teoria consiste em ter sido capaz de responder à interrogação dos muçulmanos às voltas com o problema de conciliar a exigência racional – tal como a filosofia aristotélica a coloca – de uma necessidade inerente à existência do Universo, que implica a eternidade do mundo, com a exigência de conceber o mundo como contingente, postulada pelo dogma ela criação *ex nihilo.* Além disso, a teoria da processão das Inteligências permitia resolver o problema da criação do múltiplo a partir do Uno. Paralelamente, a emanação foi objeto de uma exploração por parte do pensamento xiita, em particular a partir de Ja'far al-Ṣādiq, a quem é atribuída a identificação do Intelecto primeiro ao Profeta (a luz muḥmmadiana) e do Intelecto segundo ao Imām 'Alī. A articulação da imamologia – ou da hagiologia – com a noética foi sistematizada em particular no pensamento ismaeliano e entre os sufis.

7 *Shaykh ra'īs.* É o apelido honorífico atribuído pela tradição filosófica islâmica a Avicena.

8 No *Kitāb al·Shifā',* Avicena remete expressamente a uma outra obra em que teria exposto uma "filosofia oriental", ou "sabedoria oriental", que representaria a sua

personagem e nos habituar a ler o nosso passado à luz de dados objetivos, e não mais sob a pressão de nossos *desiderata* presentes. Não devemos ter medo de encarar esse aspecto obscuro do pensamento aviceniano, que contradiz o outro aspecto, aquele que a sua grande obra *Al-Shifā'* reflete. A nossa tradição não tem a exclusividade deste gênero de contradições. Ainda hoje, às vésperas do século XXI, elas são moeda corrente, tanto no mundo árabe como em outros lugares.

Apesar de tudo, podemos dizer que Avicena, mesmo em sua filosofia oriental, nessa filosofia da "Outra vida" (neste mundo e no Além), foi um homem engajado nos conflitos de sua época, militante de uma causa. Pois essa filosofia que chamava de "oriental" e que era realmente um discurso irracionalista, foi também um discurso ideológico que, considerado através de seus prolongamentos ulteriores, deveria revelar-se como um projeto de filosofia nacional (persa). O que nos importa não é o discurso em si, nem as suas motivações, mas sim as suas consequências: através de sua filosofia oriental, Avicena consagrou uma corrente espiritualista e gnóstica cujo impacto foi determinante no movimento de regressão pelo qual o pensamento árabe recuou de um racionalismo aberto, cuja tocha foi carregada pelos mutazilitas, depois por Kindī e que culminou com Fārābī, para um irracionalismo deletério, promotor de um pensamento das trevas, que pensa –

---

verdadeira doutrina. Este livro só nos é conhecido por fragmentos supostos. Reuniria "os princípios da verdadeira ciência que aquele a quem não falta uma intuição intelectual fina descobre através de uma busca exaustiva e de uma reflexão prolongada". Suas obras dedicadas à filosofia peripatética (racionalista), o *Shifā'* e o *Najāt,* seriam apenas, portanto, trabalhos destinados ao vulgo, ao passo que a "filosofia oriental", espiritualista e gnóstica, seria a da elite. M. A. al-Jabri propôs uma análise desta questão num texto intitulado *Ibn Sīnā wa falsafatuhu al-mashriqiyya* ("Avicena e sua filosofia 'oriental'"), incluído em seu livro *Naḥnu wa al-turāth*. Nele considera que a filosofia oriental de Avicena assinala no pensamento árabe-islâmico um momento de "demissão da razão" e o advento de um "pensamento das trevas".

dores como Algazel, Suhrawardī de Alepo[9] e outros apenas difundiram e popularizaram em diferentes ambientes. Este é o nosso juízo acerca de Avicena, o mais ilustre filósofo e médico que a escola filosófica do Oriente produziu. É sem a menor hesitação, e sem a menor consideração pelas ideias correntes, que o formulamos, pois acreditamos que é a própria história que assim o julga, a história tal como verdadeiramente aconteceu, e não a "história" do manuais.

Avicena foi um pensador de dupla face: a que se reflete em seu *Kitāb al-Shifā'* ou em seu *Kitāb al-Najāt,* e a que aparece no *Kitāb al 'Ishārāt wa al-tanbīhāt* e as epístolas "orientais". Assim, por uma ironia da sorte, os críticos sempre utilizaram Avicena para condenar Avicena. Algazel retomou por conta própria o conteúdo da filosofia oriental de Avicena, que apresentou como "a libertação da desorientação"[10] e como o caminho da "revivificação das ciências da religião".[11] É em nome

9 Shihāb al-Dīn Yaḥyà al-Suhrawardī (549-587/1155-1191). Originário da cidade de Suhraward (noroeste do Irã), de onde também é originário Abū Hafṣ Shihāb al-Dīn 'Umar al-Suhrawardī (539-632/1145-1234), "grande shaykh" do sufismo estabelecido em Bagdá e autor de um tratado clássico de sufismo, o *Kitāb 'Awārif al-ma'ārif (Os benefícios dos conhecimentos* espirituais). Shihāb al-Dīn Yaḥyà, cognominado Shaykh al-Ishrāq, procurou ressuscitar o projeto inacabado da "filosofia oriental" de Avicena. Realizou a ruptura com o peripatetismo, em troca de uma abordagem mística baseada na "experiência direta" da verdade, que chamou de "iluminação" *(ishrāq).* A Teosofia "oriental" (*Ḥikmat al-ishrāq)*, título do *magnum opus* de Suhrawardī, é colocada sob a égide das cadeias ininterruptas de intérpretes "esclarecidos", Platão, Hermes, Pitágoras no Ocidente, "os antigos sábios da Pérsia" e Zoroastro no Oriente, que se encontrariam na pessoa do autor. Suhrawardī pôde, assim, integrar, através de "epopeias místicas", temas da mitologia iraniana à meta-história religiosa da espiritualidade islâmica. Acolhido em Alepo por um soberano ayūbī, filho de Ṣalāḥ) al-Dīn (Saladino), foi condenado à morte depois de um processo movido contra ele pelos doutores da Lei. A figura de Suhrawardī foi estudada na época moderna pelos trabalhos a ele dedicados pelo orientalista Henry Corbin (ver o tomo II de sua obra *En Islam iranien*, intitulado *Suhrawardī et les platoniciens* de *Perse).*

10 *Al-Munqidh min al-ḍalāl:* título de uma obra de Algazel.

11 *Iḥyā' 'ulūm al-dīn:* título da grande suma teológico-mística de Algazel.

dessa filosofia oriental, e em nome da religião, que ele instrui o processo de Avicena. Os ecos da sentença por ele pronunciada deveriam repercutir ainda durante muito tempo nos decretos dos doutores rigoristas da Lei. Algazel e seus imitadores fizeram de Avicena o representante oficial da filosofia no Islã, invocando duas de suas obras, o *Shifā'* e o *Najāt,* mas dissimulando o *Kitāb al-'Ishārāt wa al-tanbīhāt* e "a sabedoria oriental". Fizeram o processo da filosofia na sua pessoa e o acusaram de hostilidade a uma causa que, na realidade, ele aderira, mas que tivera dificuldade em defender no seu tempo, porque tomara emprestados os métodos dos teólogos. Estes mesmos adversários tomaram o seu lugar depois de sua morte, para defender a sua causa, a causa da filosofia "oriental", expondo "as intenções dos filósofos", denunciando "a incoerência dos filósofos" e travando torneios de "luta contra os filósofos".[12] Nisso consistiu o melhor do talento deles.

Com efeito, se, como não se cessa de repetir, a filosofia nunca conseguiu refazer-se dos golpes que lhe desferiu Algazel, isto só é verdade no caso do Oriente-Médio árabe. No Irã, em compensação, a tradição aviceniana perdurará, e os seus prolongamentos permanecerão vivos até hoje, veiculando, em língua persa, certa forma de identidade nacional, depois que esse pensamento saiu da esfera da filosofia árabe-islâmica para unir-se à da filosofia iluminista iraniana.

Mas deixemos de lado o Irã, para nos voltarmos para o Ocidente muçulmano, onde encontraremos uma filosofia árabe-islâmica (estabelecida em particular no Maghreb e em al-Andalus) que "rompeu" com a problemática dos orientais, para elaborar sua própria problemática. É nesse Ocidente muçulmano que a filosofia vai prosseguir o seu combate pela razão e pela racionalidade, mas baseando o problema num novo método e em perspectivas novas.

---

12 As expressões entre aspas são títulos de obras consagradas à refutação da filosofia. As duas primeiras, *Maqāṣid al-falāsifa* e *Tahāfut al-falāsifa* são de autoria de Algazel. A terceira, *Muṣāra'at al-falāsifa,* é uma obra de Shahrastānī.

CAPÍTULO 5

O RESSURGIMENTO ANDALUSĪ

As causas

No Maghreb e em al-Andalus, duas regiões que se haviam dissociado do império abácida desde sua origem e que sempre escaparam à dominação fatímida,[1] o desenvolvimento intelectual teve um destino diferente do que no Oriente, o que se explica, a nosso ver, por duas razões principais.

1 A ausência de uma herança anteislâmica: nem al-Andalus

1 Al-Andalus constituiu-se entidade política independente já em 138/755, data em que um rebento da família omíada que havia escapado ao massacre dos seus perpetrado pelo novo poder abácida, 'Abd al-Raḥmān al-Dākhil, o "Imigrado", refugiou-se nesse país e ali fundou o emirado omíada de Al-Andalus. Quanto à dinastia fatímida, foi fundada por um descendente presumido da linhagem ismaeliana, reconhecido como "Mahdī" pelos ismaelinos, 'Abdallāh ou 'Ubaydallāh, que ganhou o território da Tunísia atual e conseguiu derrubar o poder aglábida em 297/910. Os fatímidas deslocaram, ulteriormente, sua capital para o Cairo, onde seu califado representou durante muito tempo uma ameaça política tanto para o califado abácida quanto para o Estado omíada de al-Andalus.

nem o Marrocos (a que esta permaneceu ligada historicamente, da época das conquistas até a queda de Granada) conheceram um verdadeiro ressurgimento dos sistemas de crenças anteriores ao Islã, ao contrário do que aconteceu na Síria, no Iraque e, em certa medida, no Egito. Aqui, como em todo o norte da África, a conquista islâmica faz *tábula rasa* do passado. Embora um grande número de autóctones andalusīs tivessem conservado a sua religião cristã ou judia, sua cultura jamais repercutiu de maneira notável na cultura árabe-islâmica local, e isto porque a cultura em al-Andalus, na época que precedeu a conquista islâmica, não era suficientemente forte nem florescente para impor sua influência à dos conquistadores. Um grande historiador cordobês, Ṣā‘id, o Andalusī,[2] ao contar a história da cultura e da comunidade islâmica tanto no Oriente quanto no Ocidente, constata que al-Andalus "nos tempos antigos, jamais conheceu sobre seu solo alguma atividade científica, e nenhum de seus habitantes teve a reputação de se ter dedicado a ela". Este país, acrescenta ainda o nosso autor, "permaneceu, assim, carente de toda sabedoria até a sua conquista pelos muçulmanos no mês de Ramadã do ano de 92 da Hégira. Mesmo depois desta data, seus habitantes limitaram-se a cultivar as ciências jurídicas e linguísticas, até a consolidação do poder omíada que sucedeu ao período de discórdia[3] e a partir do qual certos homens de espírito amplo começaram a se mexer e procuraram adquirir o saber". Ao observar que não existiu em al-Andalus, anteriormente à época islâmica, uma herança cultural capaz de concorrer com a dos conquistadores e que o progresso da cultura só começou realmente nessa região com o

2 Historiador nascido em Almeria (420-462/1029-1070). Exerceu o cargo de juiz *(qāḍi)* mālikita em Toledo. É conhecido por seus *Tabaqāt al-umam*, uma grande história das nações e das civilizações.

3 Ou seja, sob o reinado de ‘Abd al-Raḥmān III, oitavo emir omíada, que, depois de ter posto fim às discórdias internas do emirado de al-Antlalus e repelido a ameaça cristã, instaurou o califado omíada de Córdoba em 316/928.

estabelecimento definitivo do poder omíada, o *qāḍī* Ṣā'id apenas confirma uma realidade histórica hoje indiscutivelmente admitida.

2 O fato de que al-Andalus e o Maghreb tenham permanecido independentes do califado abácida, e em conflito político e ideológico com ele, bem como, mais tarde, com o califado fatímida, donde a permanência de uma viva competição cultural.

Com efeito, al-Andalus só conheceu um verdadeiro desenvolvimento científico a partir do reinado de 'Abd al-Rahmān III (al-Nāṣir) (300-350/912-962), que transformou "o emirado marwānida" de al-Andalus num segundo califado omíada concorrente dos califados abácida e fatímida, disputando com eles a legitimidade. Cumpre ressaltar que al-Andalus e as regiões do Maghreb haviam permanecido durante todo esse período no estádio cultural do tempo dos primeiros conquistadores, no Islã dos Companheiros *(ṣaḥlāba)* e dos Seguidores *(tābi'ūn)*,[4] cujas fontes essenciais de aquisição do saber eram a relação oral *(riwāya)* e a transmissão *(naql)* , tanto no campo do saber religioso quanto linguístico ou outro, e isto ao contrário do Oriente, onde se haviam multiplicado as escolas jurídicas, teológicas e gramaticais. Embora algumas dessas correntes políticas ou intelectuais que se dilaceravam no Oriente pudessem ter feito repercutir os seus ecos até no Maghreb e em al-Andalus, por intermédio dos "propagandistas" *(dū'āt)* ou graças às viagens ao Oriente que os ocidentais faziam para realizar a peregrinação, comerciar ou estudar, nenhum deles jamais conseguiu, porém, invadir o terreno e impor sua preponderância. Sempre permaneceram marginais, pouco difundidos, e se sua influência conseguia, apesar de tudo, implantar-se, ela sempre permanecia circunscrita a

4 Na terminologia dos "tradicionistas", este termo designa os garantes da Tradição que viveram com os Companheiros *(ṣaḥlāha)* do Profeta sem terem conhecido o Profeta pessoalmente.

meios muito fechados e clandestinos. Assim, al-Andalus e o Maghreb conservaram a sua autonomia intelectual e doutrinal, da mesma maneira como haviam conservado sua independência política. Permaneciam um terreno virgem – ou quase – de qualquer outra influência a não ser a do Islã dos "Antigos" *(salaf)*, dos dogmas da "gente da Tradição" sob sua forma original, anterior ao nascimento do ash'arismo,[5] o Islã dos estudos de ditos proféticos *(ḥadīth)* e das consultas *(fatwà-s)* dos Companheiros. Nos primeiros tempos de sua existência, o novo poder omíada impôs como escola jurídica oficial do Estado a escola de Awzā'ī,[6] tradicionalmente implantada na Síria, a pátria de origem dos Omíadas, e pouco diferente em seu método da atitude jurídica dos primeiros conquistadores, uma vez que também ela recorria à transmissão e à relação oral como fontes principais do Direito. Mas a partir do momento em que os Abácidas, no Oriente, adotaram a doutrina da escola ḥanafita[7] (a dos iraquianos) e em que Mālik b. Anas,

5 Escola de teologia fundada por Abū al-Ḥasan al-Ash'arī (260-324/873-935). Depois do fracasso do mu'tazilismo em Bagdá, este personagem trânsfuga do mu'tazilismo procurou inaugurar uma "via média" entre o tradicionalismo representado pela corrente hanbalita e a prática da teologia dialética. Sua escola pôde, assim, tornar-se a escola teológica dominante no império abácida. Dentre os representantes mais notáveis da escola, podemos citar Bāqillānī (séculos IV-V/X-XI), Juwaynī (século V/XI), que foi mestre de Algazel, e o contemporâneo de Algazel, Shahrastānī. Sejam quais forem as suas divergências, todas as tendências do ash'arismo terão em comum a afirmação do Alcorão incriado, a afirmação ao mesmo tempo da inacessibilidade do Mistério de Deus e da realidade dos atributos divinos, o absoluto primado da Lei, a negação da realidade ontológica das causas segundas e a negação do livre-arbítrio humano.

6 Fundador da escola *(madhhab)* originário de Baalbek, que viveu em Damasco, onde gozou da proteção dos últimos Omíadas. Morreu em 157/774. Os Abácidas deixaram que sua escola se mantivesse na Síria. O último *muftī* da escola awzā'īta morreu em Damasco, em 347/958.

7 No Oriente, no início da época abácida, o trabalho de elaboração da Lei muçulmana, dita *sharī'a,* reagrupara-se ao redor de três tendências ligadas a regiões distintas: uma tendência iraquiana recolhida por Abū Ḥanīfa (morto em 150/767), e que dará origem à escola *(madhhab)* ḥanafita; uma tendência com centro

fundador da escola jurídica mālikīta, foi visto como uma figura de oposição ao poder abácida, não somente em razão da doutrina da sua escola, que fazia um amplo uso dos ditos proféticos, ao contrário da escola ḥanafita, cujo trabalho privilegiava a opinião pessoal *(ra'y)*, mas também em razão de certas tomadas de posição pessoais de caráter político atribuídas a ele, nas quais atacava os Abácidas, o poder omíada de al-Andalus não mais viu nenhum inconveniente em deixar difundir-se essa escola mālikīta e em adotá-la como escola jurídica oficial do Estado. Foi assim que os doutores da Lei mālikīta começaram a estender o seu poder cultural e a exercer uma função de enquadramento ideológico dos súditos em proveito do Estado omíada de al-Andalus.

em Medina, recolhida por Mālik b. Anas (morto em 179/795), fundador da escola mālikīta; uma tendência síria, com Awzā'ī (cf. nota anterior), que se impôs em pouco tempo. A prática jurídica da tradição ḥanafita insiste na utilização do "juízo pessoal" *(ra'y)* e na finlização desse juízo pela busca do melhor, "juízo preferencial" *(istiḥsān)*. A decisão assim formulada deve ter como base uma ampliação da terceira fonte do Direito, ao lado do Livro e da Tradição, o raciocínio analógico *(qiyās)*. A escola mālikīta concede importância ao mesmo tempo ao consenso *(ijmā')* dos sábios e a seu juízo pessoal. É a escola que mais leva em conta o costume *('urf)*, em especial o "costume de Medina" no tempo de Mālik. Posterionnente, uma codificação estrita da ciência da Lei *(fiqh)* e da noção de fontes/ fundamentos do Direito *(uṣūl al-fiqh)* foi proposta por Muḥmmad b. Idrīs al-Shāfi'l (150-204/767-820), que, em sua célebre *Risāla* ("Epístola"), expôs os princípios de uma metodologia jurídica segundo a qual o julgamento *(ḥukm)* deveria ser extraído, por ordem de prioridade, do Livro, da Tradição, do raciocínio analógico *(qiyās)* e do *consensus doctorum (ijmā')*. Shāfi'ī esteve, portanto, na origem de uma terceira escola jurídica constituída, mas os princípios metodológicos que ele definira exerceram uma influência considerável sobre a evolução ulterior das duas escolas anteriores. Ao lado destas escolas, persistiu uma atitude jurídica tradicionalista – hostil tanto aos shāfi'ītas e a seu acordo racional entre tradição e consenso quanto às escolas de Medina e do Iraque – que desembocou, a partir do século III/IX, na elaboração de um edifício legislativo constituído a partir das coletâneas do grande tradicionista Ibn Ḥanbal. O ḥanbalismo pôde, assim, ser reconhecido como a quarta escola jurídica "oficial" no mundo sunita.

A autoridade dos doutores da Lei nos campos do saber e do ensino

Para não atribuirmos simplesmente a esses doutores da Lei qualificativos já prontos, como "rigorismo", e não acusá-los de serem responsáveis pelo "sufocamento do livre pensamento", julgamos necessário recordar a importância primordial do fator ideológico nessas sociedades islâmicas do Oriente e do Ocidente. A arma ideológica é, então, uma das armas mais temíveis, senão a mais temível. O poder e a oposição rivalizam na avidez de se apropriarem dela e de a manipularem de modo mais eficaz. A influência ideológica e a hegemonia cultural constituem os meios de acesso privilegiados à dominação secular. Os doutores da Lei mālikīta, ideólogos do Estado omíada, opuseram-se violentamente às outras escolas jurídicas, bem como às correntes dogmático-teológicas e filosóficas vindas do Oriente, quer graças a intercâmbios culturais costumeiros – que jamais foram interrompidos –, quer importados por propagandistas políticos a soldo do Estado abácida ou opostos a ele, mas trabalhando por conta do movimento xiita e das correntes baṭinistas.[8] Se os nossos doutores da Lei montavam com tanta vigilância a guarda diante de todos esses intrusos, é porque assumiam uma missão perfeitamente legítima e necessária em relação à "lógica de Estado", uma missão de proteção e de autodefesa. Lembrando-nos, por outro lado, de que a Mesquita, e principalmente a Grande Mesquita, longe de ser no mundo islâmico da época unicamente um lugar de culto, representava também um centro de ensinamento e de propaganda intelectual e política, compreenderemos com facilidade por que os nossos doutores da Lei proscreviam o ensino de certas ciências nas mesquitas, lugares frequentados pelo

8 Ou seja, "esoteristas". O *bāṭin* (interior) designa o esotérico da Revelação, oposto ao *ẓāhir* (exterior, exotérico). É, em especial, a denominação dos ismaelitas na época fatímida.

"vulgo". Compreenderemos ainda melhor sua posição se tivermos em mente que o tipo de "saber" que os doutores da Lei reprimiam mais severamente era a "filosofia", não no sentido em que a entendemos hoje, mas sim essa filosofia inteiramente subordinada à ideologia, a filosofia bāṭinista, sob sua forma emanacionista[9] e sob sua forma iluminista ṣufī. O saber que os doutores andaluzes da Lei proscreviam sob o nome de filosofia era, na realidade, o fundo "científico" da ideologia dos adversários: a filosofia emanacionista, com seus rastros de hermetismo.

Nosso olhar matizado sobre a atitude dos doutores andaluzes da Lei em relação à "filosofia" não visa justificá-los. Nada mais procuramos do que considerá-la do ponto de vista de suas consequências históricas, consequências "desejadas" pela história. Esses prolongamentos, os doutores da Lei certamente não os desejaram, e nem sequer previram. Não é menos verdade, porém, que a repressão exercida contra as correntes teológicas e filosóficas vindas do Oriente permitiu que o pensamento teórico em al-Andalus, e em especial na escola de Córdoba, capital do califado, fosse preservada ao mesmo tempo das problemáticas da teologia e do contágio iluminado (gnóstico). Os homens de saber dedicaram-se, então, ao estudo daquelas dentre as "ciências antigas" que os doutores da Lei toleravam: a matemática, a astronomia e, mais tarde, a lógica, e trataram de dominar estas disciplinas antes que fosse suspenso o embargo à filosofia entendida como ciência da metafísica. Isto é atestado pelo filósofo andalusī Ibn Ṭufayl,[10] que, na in-

9 Cf. a nota 6 do Capítulo 4.

10 Abū Bakr Muḥammad Ibn 'Abd al-Malik Ibn Ṭufayl (morto em 580/1185). Nativo de Guadix *(Wadī'ash)* no nordeste de Granada, em al-Andalus, estudou medicina e filosofia em Sevilha e em Córdoba, e foi introduzido junto ao califa almôada Abū Ya'qūb Yūsuf, a quem apresentou, em especial, Averróis. De suas obras, a única que chegou à posteridade foi *Ḥayy Ibn Yaqẓān (Vivem filius vigilantis)*, ficção alegórica intitulada segundo um escrito esotérico de Avicena.

tradução de sua epístola Ḥayy Ibn Yaqẓān, escreve: "Os homens de espírito superior que cresceram em al-Andalus antes da difusão neste país das ciências da lógica e da filosofia dedicaram a vida às ciências matemáticas e alcançaram nesta disciplina um nível elevado. Depois deles, veio uma geração de homens que tiveram, além disso, certos conhecimentos de lógica: estudaram esta ciência, porém ela não os levou à verdadeira perfeição... Depois deles, veio uma outra geração de homens, mais hábeis na especulação, e que se aproximaram mais da verdade". O historiador Ṣā'id, o Andalusī, situa, por seu lado, o nascimento do interesse de seus compatriotas pelas ciências antigas (matemática, astronomia e medicina) por volta do meio do século III da Hégira, ou seja, cerca de cem anos após a fundação do emirado omíada, e o começo do interesse pela filosofia propriamente dita, por volta do meio do século IV, na época em que "o príncipe al-Ḥakam (al-Mustanṣir bi-llāh), filho de 'Abd-al Raḥmān III (al-Nāṣir li-Dini-llāh), interessou-se, quando seu pai ainda estava vivo, pelas ciências, favoreceu os estudiosos, mandou importar de Bagdá, do Egito e de outros países do Oriente as fontes maiores dentre as obras de prestígio e os escritos extraordinários sobre as ciências antigas e modernas, e reuniu esses livros, até o fim do reinado de seu pai, e depois sob seu próprio reinado, uma quantidade tão prodigiosa quanto os Abácidas tinham reunido em muitos séculos. Em sua época, os homens de saber começaram a trabalhar, a ler os livros dos Antigos e a aprender as suas doutrinas".

Este vasto impulso em favor da ciência na época de 'Abd al-Raḥmān al-Nāṣir não se deve de modo algum ao acaso. Na realidade, tratava-se de furar o cerco mantido pelos doutores da Lei, ideólogos do Estado, ao redor de certas disciplinas proscritas e reprimidas. É preciso considerar aqui esse acontecimento, cujas consequências eram efetivamente esperadas: pretendeu-se inaugurar uma estratégia cultural, parte integrante da política de conjunto de 'Abd al-Raḥmān III, oitavo soberano omíada da Espanha, que, depois de ter conseguido pôr fim às discórdias internas e conjurar as ameaças externas (cristãs), tratou de proclamar-se califa, sob o nome de ‘Abd al-Raḥmān al-Nāṣir no ano de 316 da Hégira (928 d. C.). O inimigo do Estado omíada já não era unicamente a oposição interna ou o inimigo cristão. Tendo-se elevado à condição de califa, ‘Abd al-Raḥmān deveria prontificar-se a entrar em confronto com os califados abácida e fatímida no próprio terreno em que esses dois Estados se enfrentavam mutuamente e enfrentavam o Estado omíada: o da ideologia. Assim, tornou-se-lhe indispensável distinguir-se ideologicamente. Como poderia ter sido diferente, numa época em que a ideologia reinava soberana? A época em que a dinastia ismaeliana consegue fundar um Estado e instaurar seu califado xiita e fatímida, a época em que um Abūal-Ḥasan al-Ash‘arī,[11] rebelando-se contra os seus senhores mu‘tazilitas, adota os pontos de vista da gente da “Tradição e da Comunidade” e consegue dar-lhes um fundamento teórico, acabando, assim, por dar seu nome a uma nova escola, que se tornaria a escola oficial do califado abácida. Era preciso, pois, dar rédea solta à filosofia. A necessidade política e ideológica convidava, agora, a elaborar um projeto cultural andalusī capaz de representar uma alternativa histórica aos projetos abácida e fatímida. A instituição do califado não é um “prolongamento da Profecia” unicamente “no que se refere à gestão das coisas temporais”, mas sim igualmente e sobretudo “no que se refere à manutenção da Religião”. O Califado não é apenas um poder político, mas também um poder cultural. Uma vez que os Abácidas e os Fatímidas haviam fundado seu poder cultural sobre o reinvestimento de uma herança cultural anterior ao Islã, por que o novo califado omíada não faria o mesmo, com objetivos semelhantes? Era preciso, portanto, dar rédea solta à filosofia. É por isso que o pensamento teórico em al-Andalus

11 Cf. nota 5.

teve a sorte de acolher a filosofia em sua hora, depois que os homens de saber se haviam instalado solidamente no conhecimento da matemática, da astronomia, da medicina e da lógica, todas elas disciplinas que haviam estado na origem do pensamento filosófico na Grécia e ali haviam até aberto o caminho para a única "verdadeira" filosofia, a de Aristóteles, o *Magister primus*.

Das observações precedentes, fica claro que o nascimento da filosofia em al-Andalus acontece em circunstâncias totalmente diferentes daquelas em que ela nasceu no Oriente islâmico. No Oriente, foi a teosofia hermética, utilizada pelos xiitas, que apareceu primeiro, seguida pela metafísica de Aristóteles (tanto a autêntica quanto a chamada Teologia de Aristóteles[12]), à qual recorreram os Abácidas (o sonho de Ma'mūn, a Casa da Sabedoria, as traduções...) como uma arma na luta que os opunha aos xiitas pelo domínio cultural, e para fornecer uma matéria-prima conceitual a seus teólogos. Este processo não implicava uma passagem pela etapa das matemáticas e das ciências físicas, e precipitou o pensamento diretamente na direção da metafísica. Em al-Andalus, as coisas seguiram seu curso natural: a filosofia apareceu ali depois que os homens de saber haviam-se debruçado durante um século sobre o estudo da matemática, da astronomia e da lógica, sem nunca terem enfrentado a problemática teológica da conciliação entre "razão" e "transmissão" que estava no centro do pensamento teórico do Oriente. Os filósofos andalusīs não tiveram, portanto, nenhuma dificuldade em se libertar dos obstáculos

12 Uma das obras gregas que exerceu influência mais decisiva sobre o pensamento filosófico árabe foi o livro conhecido pelo nome de *Teologia* de *Aristóteles*, que é, na realidade, um texto neoplatônico, paráfrase dos livros IV, V e VI das *Enéadas* de Plotino, e com frequência atribuído a Proclo. As concepções emanacionistas expostas nessa obra supostamente aristotélica foram de grande auxílio para aqueles que buscaram conciliar as doutrinas de Platão e de Aristóteles, em especial Fārābī.

culturais que haviam freado a filosofia no Oriente desde a origem, e dos quais ela permanecera sempre tão tributária que haviam acabado por fazer parte dela, tornando-se um elemento fundamental da sua estrutura: os obstáculos epistemológicos herdados da teologia dialética *(kalām)* e do fundo gnóstico do neoplatonismo oriental. Ao se libertar da teologia dialética, o discurso filosófico em al-Andalus, ao contrário do discurso filosófico do Oriente, jamais caiu na trilha da problemática da conciliação entre "razão" e "transmissão", entre filosofia e religião; da mesma forma, ao se libertar do neoplatonismo em sua "versão oriental" gnóstica, ele conseguiu distinguir-se da tendência que a escola filosófica oriental tinha de utilizar as ciências para fundir a religião na filosofia e a filosofia na religião. Assim, a Ciência tornará a ser, como em Aristóteles, o único fundamento sobre o qual a filosofia construirá o seu edifício.

Desta maneira, podemos entender como Averróis,[13] filósofo de Córdoba, pôde conhecer o verdadeiro Aristóteles e se tomar seu maior comentador: porque crescera num ambiente intelectual que, graças ao "rigorismo" dos doutores da Lei, ou antes graças à ideologia do Estado, só se confrontara com a "metafísica" de Aristóteles depois de ter assimilado profundamente as disciplinas científicas fundadoras dessa metafísica: as ciências matemáticas, físicas e lógicas.

Mas o autêntico domínio que o filósofo de Córdoba pôde adquirir do pensamento do verdadeiro Aristóteles foi ele mesmo o ponto culminante do movimento de renovação do pensamento teórico andalusī, esse pensamento que os cordobeses haviam adotado a partir da época de 'Abd al-Raḥmān III e de seu filho al-Ḥakam, o Ma'mūn dos Omíadas de al-Andalus. É deste fenômeno que agora vamos descrever alguns aspectos.

---

13 Cf. a nota 6 do Capítulo 2.

Os fundamentos epistemológicos do pensamento teórico em al-Andalus

Quando falamos do pensamento teórico em al-Andalus, entendemos essa escola de pensamento que apareceu em Córdoba solidamente constituída desde o fim da época omíada, sobreviveu em silêncio ao longo de toda a época dos Almorávidas,[14] para se manifestar de novo em plena luz na época dos Almôadas,[15] que promoveram suas orientações teóricas, difundiram-na e tramaram ao redor dela o seu projeto ideológico. Como já mostramos, essa escola deve sua existência ao movimento científico desencadeado por ‘Abd al-Raḥmān III, sob a direção de seu filho al-Ḥakam al-Mustanṣir. Se o projeto cultural emanado da estratégia global que inspirou esse movimento científico só despontou cerca de um século mais tarde, propriamente falando, com Ibn Ḥazm,[16] é porque as iniciativas fundadoras, no campo da

---

14 Em árabe, *Al-Murābiṭūn* (“os perseverantes”). Dinastia berbere de origem saariana que unificou as regiões do Marrocos e do oeste do Magreb central, entre 448/ 1056 e 475/1 082, em nome de uma doutrina mālikīta intransigente. Teve como capital Marrakesh, fundada em 454/1062. Em 483/1090, alguns dos soberanos que dividiram entre si o território de al-Andalus depois do desaparecimento do califado omíada em 420/1031 recorreram ao Almorávida Yūsuf b.Tāshfīn para repelir o avanço da *Reconquista* dirigida por Alfonso de Castela. Os Almorávidas apoderam-se, assim, de al-Andalus, pondo fim ao chamado período dos Reis de Taifas *(muluk al-ṭawā’if)*. O poder almorávida manteve-se até 541/1147.

15 Em árabe, *al-Muwaḥḥidūn* (“os unificadores”). Dinastia oriunda de um movimento insurrecional de reforma religiosa liderado por Muḥammad b. Tūmart, dito o “Mahdī” (morto em 524/1130), e que acarreta o fim do poder almorávida em 541/1147. Sob os reinados de Abū Ya‘qūb Yūsuf (558-580/1163-1184) e de seu filho Ya‘qūb al-Manṣūr (580-595/1163-1184), seu poder estendeu-se ao conjunto da África do Norte, até os confins do Egito. O estabelecimento dos Mārinīdas em Marrakesh pôs fim a seu reinado, em 668/1269.

16 Abū Muḥammad ‘Alī Ibn Ḥazm (384-456/994-1063). Nasceu em Córdoba, onde seu pai era vizir do camarista regente al-Manṣūr b. ‘Abī ‘Āmir. Pôde receber o ensinamento dos mais célebres mestres de Córdoba em todas as

cultura e do pensamento, em geral, ganham corpo posteriormente, pelo menos em princípio duas gerações depois de seu aparecimento, e só dão seus frutos maduros ainda mais tarde. Pois uma nova estrutura que procura instalar-se num sistema cultural nunca aparece num terreno virgem. Ela se vê confrontada com outras estruturas mais antigas, que jamais cedem terreno com facilidade, mas continuam a resistir, renovando os seus assaltos depois de períodos de sono aparente. Seu recuo só é definitivo ao final de uma série de pequenos movimentos sucessivos. Foi o que aconteceu em al-Andalus. Podemos distinguir dois momentos da evolução do projeto cultural que se delineara em Córdoba: o momento da declaração, com a obra de Ibn Ḥazm, e o momento da plena maturidade, com a de Averróis. Contentar-nos-emos aqui em analisar em suas grandes linhas os principais constituintes desses dois movimentos.

O "ẓāhirismo"[17] *de Ibn Ḥazm: uma visão crítica e um método "demonstrativo"*

Costumamos contentar-nos em considerar Ibn Ḥazm como um doutor da Lei ẓāhirīta e como um polemista virulento. Se alguns acrescentam um traço suplementar à descrição

disciplinas: ciências do *ḥadīth,* história, filosofia, ciências da Lei, medicina, literatura *(adab).* Em consequência de perturbações políticas ligadas ao declínio do poder omíada, é expulso de Córdoba e se refugia em Almeria, onde assume o comando do movimento em favor do príncipe 'Abd al-Raḥmān IV, pretendente legítimo ao califado. Permanecerá sempre fiel à causa dos Omíadas. A obra mais importante do teólogo Ibn Ḥazm é o seu tratado sobre as religiões e as escolas de pensamento, o *Kitāb al-Fiṣal fī al-milal wa al-ahwā' wa al-niḥal.* Em matéria de Direito, Ibn Ḥazm adotou a doutrina ẓahirīta ou "exoterista", vinculada à validação da letra do Texto, do "aparente" *(ẓāhir),* fundada no Oriente por Dāwūd al-Iṣfahānī (morto em 270/884). Ibn Ḥazm explorou essa doutrina para condenar a analogia *(qiyās)* jurídica e fundamentar o raciocínio jurídico em princípios demonstrativos estritos.

17 Cf. a nota anterior.

dessa personalidade intelectual, é no mais das vezes para ressaltar a finura de sua análise do amor e do comportamento amoroso na célebre epístola O *colar da pomba*. Reduzir a tal ponto o pensamento de Ibn Ḥazm equivale a camuflar injustamente – de propósito ou não, pouco importa – a contribuição de um dos maiores inovadores do pensamento árabe-islâmico, que pode a justo título ser considerado o iniciador de um novo momento na história desse pensamento. Com efeito, o ẓāhirismo de Ibn Ḥazm, "o jurista de Córdoba", representa, do ponto de vista da conjuntura política – analisada nas páginas anteriores – em que se formou seu pensamento e que determinou sua orientação, um contraprojeto ideológico, concorrente tanto da ideologia do Estado fatímida quanto da doutrina do Estado abácida, esses dois Estados historicamente rivais que disputam entre si al-Andalus e combatem o califado omíada principalmente por meio da arma ideológica. Ibn Ḥazm é o porta-voz desse Estado omíada e o defensor de seu projeto ideológico-cultural. De um ponto de vista puramente epistemológico, há de se perceber que esse ẓāhirismo recobre um projeto intelectual de dimensão filosófica, que aspira a reconstruir a "Indicação" enquanto ordem cognitiva fundadora do pensamento sunita (inclusive mu'tazilita e ash'arita), dando-lhe como novo fundamento a "Demonstração" (o método silogístico aristotélico e as concepções científicas e filosóficas que ele veicula), e dele apagando radicalmente a marca da "Iluminação"[18] xiita ou ṣufī.

Só poderemos apreciar em seu justo valor a importância de Ibn Ḥazm comparando sua produção com a das correntes jurídicas, dogmáticas e filosóficas dominantes em sua época no mundo islâmico como um todo. Só poderemos compreender a contribuição inovadora de Ibn Ḥazm, o que faz de seu ẓāhirismo – sob seu duplo aspecto, contrutor e desconstrutor – um momento-chave na história do pensamento islâmico

---

18 Acerca das noções de "Indicação" *(bayān)*, de "Demonstração" *(burhān)* e de "Iluminação" *('irfān)* em M. A. al-Jabri, ver Apresentação deste livro.

considerando o fundamento epistemológico no qual ele se baseia. Ou seja, condenar-nos-emos a só ver na crítica ideológica formulada por lbn Ḥazm contra algumas escolas jurídicas e teológicas uma simples crítica ideológica de circunstância enquanto não tivermos examinado o fundamento epistemológico de que ela procede. Pois, na realidade, não é tanto sobre as opiniões e as teses em si mesmas que incide a crítica de Ibn Ḥazm, a despeito de seu caráter polêmico, quanto sobre os fundamentos e os princípios de que elas procedem. Seu ẓāhirismo é, portanto, mais um método crítico aplicado à ciência das fontes/fundamentos do Direito do que um ẓāhirismo literalista e conformista, como imaginam aqueles que associaram automaticamente o ẓāhirismo de Ibn Ḥazm ao de Dāwūd al-Iṣfahāni (morto em 270/884). Sem dúvida, Ibn Ḥazm vincula-se, juridicamente falando, a essa escola fundada por Dāwūd e seu filho. No entanto, mesmo nesse terreno, o ẓāhirismo do jurista de Córdoba se distingue por traços bem específicos: procede de uma visão global do dogma e da Lei, inspirada na lógica, nas ciências físicas e na filosofia.

Para evidenciar o caráter sistemático da visão de Ibn Ḥazm, convém recordar quais foram suas posições acerca dos fundamentos cognitivos em que se baseava a visão "indicacional"[19] dos pensadores orientais. Essa visão tinha seu eixo fixado ao redor de três princípios maiores.

- O princípio da descontinuidade, consagrado pela tese atomística dos mu'tazilitas, que foi adotada mais tarde pelos ash'aritas, e segundo a qual todas as coisas do mundo são compostas de "átomos" homogêneos e independentes uns dos outros, entre os quais há apenas vazio, que não possuem nenhuma natureza nem quididade particulares e que não influem uns sobre os outros. Os átomos são apenas "suportes" criados por Deus, nos quais Deus cria acidentes que não perduram jamais dois instantes em seguida, mas são

19 Cf. nota anterior.

perpetuamente recriados. Esta visão implica uma Vontade divina que age perpétua e continuamente (a Criação perpétua), e não deixa nenhum lugar nem para a natureza específica *(ṭab')* nem para a natureza individual *(ṭabī'a)* nem para a influência nem para a causalidade. Só há atos divinos iniciados *(mubtada')* ou gerados *(mutawallad),* que procedem todos eles da Vontade divina, inclusive os atos atribuídos aos homens.

- O princípio da contingência. Este segundo princípio decorre do primeiro. Dado que todas as coisas procedem da Vontade e da Potência divinas, e dado que estas últimas são iumitadas, a "razão" admite como possível que Deus case coisas antipáticas e contraditórias, que case, por exemplo, o fogo com o algodão sem que se produza combustão, ou a pedra pesada com o vazio sem que se produza queda, ou ainda que case a percepção visual à cegueira, como nos garante o doutor mu'tazilita Abū al-Hudhayl al-'Allāf,[20] e depois dele os ash'aritas, que fizeram da "ruptura do hábito" *(kharq al-'āda)*[21] e da negação da causalidade um de seus princípios fundamentais.
- O princípio da analogia. É o princípio metodológico do pensamento "indicacional". Ele vai do princípio/fundamento *(aṣl)* ao caso de espécie *(far')* na ciência da Lei e na gramática, do "conhecido" *(shāhid)* ao "desconhecido" *(ghā'ib)* na teologia dialética.

Estes princípios, Ibn Ḥazm os critica e refuta, denunciando a falsidade dos resultados a que levam. Rejeita a tese atomista e seu corolário, o princípio da descontinuidade, para proclamar

---

20 Teólogo mu'tazilita de Baṣra, morto em 235/850.

21 Para defender a noção de onipotência divina, os teólogos muçulmanos em geral negavam a noção de causalidade inerente às coisas e explicavam a recorrência dos fenômenos naturais através da noção de "hábito" *('āda)* instaurada por Deus, mas que Deus podia teoricamente romper a qualquer momento. Daí a noção de "ruptura do hábito" *(kharq al-'āda).*

com os filósofos (com Aristóteles) que a substância não é diferente do corpo, que "toda substância é corpo, que todo corpo é substância e que estes são dois nomes para designar a mesma coisa"; que o vazio não tem existência: "Não existe vazio no mundo, que é um globo maciço sem interstícios". Assim como refuta a teoria da contingência, de que decorre a negação das naturezas individuais e da causalidade, para considerar que "essa falsa doutrina" não está de modo algum fundamentada nem na Lei revelada, nem na razão, e afirmar que "as naturezas individuais e os hábitos *('ādāt)* são as coisas verdadeiramente criadas por Deus – testemunhemos a Sua Potência e a Sua Grandeza –, que ordenou a natureza de tal maneira que ela mesma não se altere e que nenhum ser dotado de razão possa conceber que ela mude". Quanto à analogia, Ibn Ḥazm só reconhece a sua validade quando ela é feita entre elementos de uma mesma espécie, ou seja, no interior de um conjunto que reúna elementos da mesma natureza. Em contrapartida, entre elementos de conjuntos diferentes, de natureza dissemelhante, a analogia é impossível. Daí a falsidade da analogia aplicada à ciência da Lei e à ciência da teologia dialética: os doutores da Lei estabelecem analogias entre termos de espécies distintas, com base na mera afinidade *(shabah)* fortuita entre eles, ao passo que essa simples afinidade não basta para conferir a duas coisas o mesmo estatuto (*ḥukm*). Pois, se fossem assim, todas as coisas terminariam recebendo o mesmo estatuto, pois não existe coisa que não tenha uma afinidade qualquer com outra. A escolha arbitrária de um ponto de afinidade entre duas coisas, que os doutores da Lei considerarão como o "motivo" *('illa)* do relacionamento analógico, não passa de uma conjectura. Ora, não é admissível legislar segundo conjecturas, pois a Lei deve consistir em decisões categóricas, que só podem basear-se no próprio Texto. Quanto ao raciocínio analógico *(qiyās)* dos teólogos, ele não é menos fútil, pois uma vez que a natureza do conhecido (o mundo do homem) é *outro* do que a do desconhecido (o mundo divino), não se pode estabelecer uma analogia entre eles. Estes dois mundos são o oposto um do outro: o mundo do homem é imperfeito e corruptível, ao passo que o mundo divino é pura perfeição e perenidade.

É claro que o que é visado por Ibn Ḥazm, para além da crítica dos princípios cognitivos, são as escolas jurídicas e as tendências teológico-dogmáticas que se fundamentavam nesses princípios e participavam do empreendimento cultural e ideológico abácida (as escolas ḥanafita e shāfi'īta, a teologia dialética mu'tazilita ou ash'arita). Como perceberá todo leitor do tratado que Ibn Ḥazm dedicou à ciência das fontes/fundamentos, *Al-Iḥkām fī uṣūl al-aḥkām,* de sua enciclopédia de Direito, *Al-Muḥallā,* ou de sua obra teológica polêmica, *Al-Fiṣal fī al-milal wa al-ahwā' wa al-niḥal,* Ibn Ḥazm dá mostras de uma aspereza que chega à virulência na crítica que dirige a essas escolas e a essas tendências. Mas não cabe demorarmo-nos neste ponto. Contentemo-nos em acentuar o que, nessa crítica, pode ser considerado um convite ao "levante" e à "revolta" contra as escolas de Direito "oficiais" e, portanto, contra a autoridade do Estado (o Estado abácida) que tirava a sua legitimidade religiosa de sua adesão a esta ou aquela dessas escolas. Falemos da crítica tão virulenta que Ibn Ḥazm dirige à "imitação" *(taqlīd)* das escolas jurídicas. "Não é permitido a nenhum homem, garante Ibn Ḥazm, imitar algum outro, vivo ou morto, mas cada um deve realizar, tanto quanto o puder, um esforço interpretativo *(ijtihād).*" Quem não tem a ciência dos doutores deve interrogá-los sobre o que diz a Lei. Os doutores devem explicar-lhe o método a ser seguido para extrair o juízo do Texto, para que ele bem distinga a sua correção e tome pessoalmente a sua decisão quanto ao objeto de sua questão. Assim, terá assumido sua responsabilidade e exercido seu esforço interpretativo, de acordo com os seus meios. "Aqueles que pretendem que seja conforme à Religião", escreve ele, "que um homem do povo imite um jurisconsulto *(mufti)* estão completamente errados e não são respaldados por nenhum texto do

Alcorão, nem por nenhum dado da Tradição, nem pelo consenso *(ijmā')*. Seu ponto de vista não pode sequer ser justificado pelo raciocínio analógico. Nestas condições, estão errados, pois emitem um juízo sem prova." E acrescenta o nosso autor: "Quem quer que imite um Companheiro, um Seguidor, um Mālik, um Abū Ḥanīfa, um Shāfi'ī, um Sufyān,[22] um Awzā'ī, um Aḥmad (Ibn Ḥanbal) ou um Dāwūd (al-Iṣfahāni) – que Deus esteja satisfeito com eles –, saiba que todos eles lavam as mãos em relação a ele, neste mundo e no Outro mundo".

Resta evocar a crítica de Ibn Ḥazm contra o fundamento epistemológico do califado fatímida e do pensamento iluminacionista em geral. Ibn Ḥazm proclama alto e bom som que "a Religião de Deus – seja Ele exaltado – é puramente exotérica e de modo algum esotérica. É inteiramente óbvia e não esconde nenhum segredo latente. Baseia-se inteiramente em provas, e nada é deixado ao acaso. O enviado de Deus *(ṣl'm)** não calou nenhum sentido da Lei revelada, por mais sutil que fosse. Nada há, também, sobre o qual ele se tivesse aberto a seus parentes mais próximos, mulher, filha, tio ou primo, sem revelá-lo ao comum dos mortais brancos e negros, ou a um guarda de rebanho qualquer. Não há segredo, não há sentido oculto que o Profeta – a paz esteja com ele – tivesse evitado divulgar. Toda a sua mensagem foi exposta na pregação que dirigiu a todos, pois se tivesse calado o que quer que fosse, seria o mesmo que dizer que não teria cumprido a sua missão". Ibn Ḥazm desmantela, assim, o par aparente/oculto *(ẓāhir/bāṭin)* sobre o qual se fundamentava o pensamento iluminacionistados xiitas e dos ṣufīs. Quanto à "inspiração" *(ilham)* reivindicada pelos

---

22 Sufyān al-Thawrī (morto em 161/778), grande tradicionista *(muḥaddith)* e fundador ele uma escola jurídica de inspiração tradicionalista em Kūfa. O último muftī dessa escola morreu em Bagdá em 405/1015.

* Ṣl'm: abreviação de uma expressão árabe que significa: "que as preces e a paz de Deus estejam sobre ele". Usada exclusivamente para o profeta Muḥammad. (N.R.)

iluminacionistas em geral, ela é totalmente carente de fundamento e insustentável: não podemos considerá-la uma fonte de conhecimento que se imponha a todos, pois cada qual pode perfeitamente pretender ter recebido uma inspiração que desacredite a inspiração de outro, sem que este possa dar a prova da veracidade de sua inspiração, a não ser pelo que afirma. Assim, o princípio da "função iniciadora" (*ta'līm*)[23] do Imām perde todo fundamento, pois nada confirma a veracidade dos dizeres do Imām, a não ser o fato de que lhe foram inspirados. Ora, a inspiração, como vimos, é carente de fundamento.

Ibn Ḥazm refuta, portanto, todos os princípios cognitivos em que se baseia o pensamento xiita imâmita e batinista, assim como recusa os princípios fundadores do dogma "sunita" que o Estado abácida adotou. Mas que "mudança" propõe?

O conjunto do pensamento de Ibn Ḥazm – e não unicamente sua doutrina jurídica – baseia-se no seguinte princípio cognitivo: "Só existe acesso ao conhecimento certo por dois caminhos: os dados primeiros da razão e dos sentidos, e as premissas que procedem deles". São os dados primeiros da razão e dos sentidos que nos permitem distinguir as propriedades de cada coisa existente, e é a ela que nos referimos para conhecermos "a realidade das propriedades das coisas, e para nos pronunciarmos, quando for o caso, sobre a impossibilidade de uma coisa". Este princípio, Ibn Ḥazm o aplica tanto ao conhecimento da natureza quanto à confirmação do dogma e à compreensão da Lei *(sharī'a)*.

Que o nosso conhecimento dos fenômenos naturais dependa quer dos dados primeiros da razão e dos sentidos, quer das premissas que deles decorrem, é uma evidência estabelecida pelas ciências da natureza, que Ibn Ḥazm não vê nenhum inconveniente em reconhecer e considera até como útil, ou

23 Para os ismaelitas da época fatímida, o Imām e Califa, em relação privilegiada com o Além, devia enunciar uma verdade absoluta. Seu ensinamento *(ta'līm)* era infalível.

mesmo indispensável à existência humana, pois se fundamentam na observação, na experiência e na demonstração. Quanto ao nosso conhecimento do dogma, Ibn Ḥazm explica que ele também provém dos dados primeiros da razão e dos sentidos e das premissas que deles decorrem, na medida em que, "pelo discernimento das coisas sensíveis e inteligíveis e pelo conhecimento das características que lhes são normalmente atribuídas", podemos conseguir estabelecer "a criação do mundo, a unicidade e a eternidade do Criador e a realidade da condição de profeta daquele cuja condição de profeta foi confirmada por provas", todos eles princípios do dogma. No que se refere à Lei, cumpre distinguir entre o que pode ser apreendido pela razão e o que não o pode. A razão não basta para dar conta "do caráter lícito ou ilícito da carne de porco... ou do fato de que a oração do Meio-dia comporte quatro genuflexões *(rak'a-s),* ao passo que a oração do Poente, três... tudo isso não é da alçada da razão. Não cabe a ela compreender por que isso foi imposto ou interdito", assim como não é da alçada da razão, no mundo natural, "o fato de que o homem deva ter dois olhos e não três". Isso tampouco "é da alçada da razão, e não cabe a ela compreender por que é assim e não de outra maneira". Mas isso não significa que a razão não tenha absolutamente nenhum papel a desempenhar em matéria de Lei. A Lei funciona de acordo com as mesmas regras que a natureza: assim como podemos, pela observação dos fenômenos naturais, induzir regras gerais que aplicaremos a todos os fenômenos semelhantes, sobre os quais não incidiu a nossa observação, assim também existem na Lei prescrições impostas explicitamente por um texto, que devemos considerar como dados da Lei, que não devem ser modificados, nem mudados, nem por raciocínio *(qiyās)* nem por consenso *(ijmā')* nem por qualquer outra operação; e casos acerca dos quais não existe nenhuma disposição legal explícita e cuja solução depende de uma "prova" *(dalīl),* que procuraremos nos textos legislativos, de que se extrairá uma primeira premissa. A segunda, por sua vez, deverá provir ou também do Texto, ou dos dados primeiros da razão. Ibn Ḥazm estabelece, assim, quatro combinações de premissas, as premissas do silogismo na ciência da Lei, que podem ser assumidas no procedimento demonstrativo *(dalīl):* 1. as duas premissas são tiradas do texto legislativo; 2. uma das premissas é tirada do texto legislativo, a outra dos dados primeiros da razão; 3. uma das premissas é objeto de um consenso e a outra é uma injunção, formulada pelo texto legislativo, a obedecer o consenso; 4. uma das premissas é uma qualificação geral, e a outra um caso particular que depende dessa qualificação. É a partir destes pares de premissas que se compõe o silogismo demonstrativo.

Assim se estabelece a "prova", a "demonstração" aplicada à prática jurídica segundo o jurista de Córdoba, que garante que "não há acesso a um conhecimento certo em matéria de prescrições religiosas *(aḥkām)* fora dessas quatro combinações (de premissas); estas se vinculam todas ao Texto, que sabemos ser uma referência obrigatória e cujo sentido pode ser apreendido pela razão de acordo com o procedimento por nós indicado". Ibn Ḥazm reconhece, portanto, três fontes/fundamentos da legislação: o Livro, a Tradição e a "prova". Já vimos que ele não reconhecia a validade da analogia *(qiyās)*. Quanto ao consenso *(ijmā'),* Ibn Ḥazm desenvolve sobre ele uma concepção particular: não significa o consenso dos doutores numa dada época, o que seria irrealizável e impossível, mas, de preferência, ou o consenso dos muçulmanos sobre certas práticas culturais explicitamente pelo texto, como a oração ou o jejum etc., ou o consenso dos Companheiros acerca de um dito ou de um ato profético de que foram testemunhos ou que tenha sido relatado por uma pessoa que não tenha ela própria frequentado o Profeta: "são estas as duas espécies de consenso, e não pode haver outra".

A "prova", portanto, é "extraída do texto ou do consenso, e não há lugar para a opinião pessoal *(ra'y)* nem para a analogia *(qiyās)* ". O próprio consenso "só pode ser estabelecido sobre a fé de um texto" que confirme que os Companheiros estiveram unanimemente de acordo sobre um dado ponto. Não há, portanto, nenhuma prescrição religiosa que não proceda diretamente do Texto.

Será isso rigorismo ou intransigência? De modo algum. Restringindo-se tão estritamente aos dados do Texto, Ibn Ḥazm amplia consideravelmente o campo do "permitido" *(mubāḥ)*' Considera que todas as coisas, na origem, eram permitidas, e que não é da competência da razão julgar lícito ou ilícito. Depois veio a religião, que decretou o caráter lícito ou ilícito de certas coisas. Tudo o que escapa a essas regras continua sendo, porém, permitido. "Isto é uma evidência naturalmente reconhecida pela razão, acrescenta Ibn Ḥazm. Por isso ela dispensa a confirmação pela analogia ou pela opinião."

Aprove-se ou não a Ibn Ḥazm, deve-se, em todo caso, reconhecê-lo como o pioneiro de uma nova era da crítica na cultura árabe-islâmica: crítica global da visão e do método da "Iluminação", sob sua dupla forma xiita e ṣufī, e crítica não menos global dos temas e dos métodos da teologia dialética, da analogia jurídica e da imitação. O objetivo de Ibn Ḥazm não era criticar por criticar, mas sim superar as crises de crescimento da cultura árabe-islâmica e propor-lhe um método de reconstrução que consista em fundamentar a "Indicação" na "Demonstração", para erradicar definitivamente a "Iluminação". Para este trabalho, Ibn Ḥazm preconizava o método do silogismo e o exame indutivo, tanto em matéria de dogma quanto na ciência da Lei. Do mesmo modo, convidava a que se adotasse a ciência da sua época (as ciências físicas de Aristóteles) para construir uma nova visão "indicacional" científica que concordasse com os princípios da Religião, tais como são enunciados literalmente, permitisse a abertura dogmática e não entravasse a ação humana. Essa liberdade exercia-se no campo do "permitido", campo este que devia ampliar-se indefinidamente, junto com o progresso dos conhecimentos e o desenvolvimento da sociedade.

Não se trata, pois, como se poderia acreditar, de um "ẓahirismo" literalista e intransigente que restringisse o campo da razão, mas realmente de uma atitude crítica racional, vinculada ao Texto e somente ao Texto quando o Texto se pronuncia sobre um dado ponto, ou seja, em casos definitivos e, como dizia o mesmo Ibn Ḥazm, pouco numerosos. O resto, tudo o que escapa ao domínio do texto, é ilimitado, depende da liberdade do homem, é deixado à sua razão e à sua livre escolha.

É essa atitude crítica racional, que pretende fundar a visão e o método "indicacionais" na "Demonstração", que Averróis, mais tarde, esforçar-se-á por amadurecer e cujas conclusões necessárias acabará de extrair.

O racionalismo averroísta e o rearranjo da relação religião-filosofia

O "ẓāhirismo" de Ibn Ḥazm não poderia ter alcançado a difusão e o domínio cultural pretendido numa época em que o Estado omíada, em nome do qual ele se exprimia e cujo projeto ideológico representava, exalava o seu último suspiro. Projeto ideológico global e sistemático, que pretendia impor-se ao conjunto do corpo social, não podia concretizar-se sem a sustentação de um poder político. Ibn Ḥazm não ignorava que as escolas jurídicas que conseguiram adquirir força de lei numa sociedade só se haviam difundido graças à autoridade do Estado. "Duas escolas", dizia ele, "disseminaram-se sob a influência do poder, a escola de Mālik, no Ocidente, e a de Abū Ḥanīfa, no Oriente." Compreendia que o Estado suscetível de impor a sua própria doutrina chegara ao fim de sua existência e não era mais possível ressuscitá-lo. Isto o levou à amargura e ao desespero. Falando de si mesmo, escreve ele: "Quanto à minha situação, não poderíamos descrevê-la melhor do que citando este famoso provérbio: os primeiros a desdenhar um sábio são os seus. Li nos Evangelhos que Jesus – que a paz esteja com ele – dissera: um profeta só é desprezado em sua casa e em seu país; as provações que os coraixitas* fizeram o Profeta *(ṣl'm)* padecer fortalecem-nos nesta certeza".

* Em árabe, Banū Quraysh, a família da qual descendia o profeta. (N. R.)

Mas os grandes projetas intelectuais críticos e inovadores não morrem com quem os concebe. Precisam somente de "certo tempo" para que chegue O momento histórico propício a seu desabrochar. O "ẓāhirismo" de Ibn Ḥazm era um deles. Por isso, não é de espantar que tenha inspirado, pouco mais de meio século mais tarde, o movimento político e revolucionário liderado no Marrocos, a partir do ano de 511/1117, pelo "Mahdī" Ibn Tūmart contra o poder dos soberanos almorávidas, aos quais haviam recorrido os notáveis andalusīs, eruditos, doutores da Lei e personalidades políticas, para pôr fim ao estado de dilaceramento por que passara seu país na época dos reis de Taifas, imediatamente depois da queda do califado omíada. Embora o aparelho administrativo e político da dinastia almorávida (de origem saariana) tivesse estado fortemente submetido ao controle dos doutores da Lei mālikīta razoavelmente "rigoristas" do ponto de vista doutrinal, "a civilização, o luxo e a preguiça" – segundo as palavras de Ibn Khaldūn – não tardaram a se insinuar em sua corte e, portanto, no conjunto da sociedade, que foi contaminada, nessa época, por uma "epidemia de *laisser-aller*". Ibn Tūmart ergueu-se contra essa situação e acusou os Almorávidas de se terem desviado da religião verdadeira, que baseia sua ação política no princípio "do mandamento do bem e da proibição do mal",[24] supondo-os de "conformismo imitativo" *(taqlīd)* e de "antropomorfismo" *(tajsīm),* e denunciando o fato de que a doutrina sobre a qual eles apoiavam seu poder ter-se-ia baseado na analogia: os Almorávidas haviam elevado à condição de Fontes de analogia as opiniões de seus doutores mālikītas, e

---

24 *"Al-amr bi al-ma'rūf wa al-nahy 'an-munkar"*. Obrigação imposta aos muçulmanos e enunciada no Alcorão (cf. Alcorão III, 104 e IX, 71). Este princípio foi objeto de diversas interpretações por parte dos teólogos quanto à questão de saber se ele deveria ser realizado "pela mão", "pela língua" ou "pelo coração", se cabia ao chefe político e só a ele ou a todo crente etc. Em sua interpretação maximalista, podia tornar-se um argumento político para dar crédito à ideia de que era preciso derrubar os chefes culpados ou obrigar os oponentes a adorar uma "verdadeira doutrina".

propendido, com isso, à "imitação", abandonando as verdadeiras Fontes, o Livro e a Tradição. Por outro lado, haviam fundamentado seu dogma na analogia do conhecido ao desconhecido, que equivale a considerar os atributos divinos como análogos aos atributos humanos, o que nada mais era, segundo Ibn Tūmart, do que antropomorfismo.

Partindo deste princípio diretamente inspirado no fundo epistemológico do "ẓāhirismo" de Ibn Ḥazm, Ibn Tūmart levou seu movimento até seu termo: a fundação do Estado almôada, que recuperaria em proveito de sua própria estratégia cultural o projeto de Ibn Ḥazm. A doutrina "ẓāhirista" encontrou assim, finalmente, o apoio político que lhe faltava para se impor: o poder do Estado almôada, que, tão logo se instalou no Marrocos e em al-Andalus, manteve sob vigilância cerrada a escola mālikīta e restringiu a difusão das obras de jurisprudência, a fim de incitar a população a se umitar, na prática jurídica, às Fontes: o Livro e a Tradição. Esta nova política cultural atingiu seu cúmulo na época de Ya'qūb al-Manṣūr, terceiro califa almôada, sob cujo reinado a ciência jurisprudencial cessou totalmente de existir. Este soberano era temido pelos doutores da Lei. Ordenou que se queimassem os livros da Escola (mālikīta) e mandou que o conjunto dos sábios renunciasse a toda prática da "ciência da opinião pessoal" (a analogia), sob pena de castigos os mais rigorosos. O objetivo perseguido por Ya'qūb era, na realidade, abolir, suprimir de uma vez a doutrina mālikīta no Maghreb (e em al-Andalus), para levar a população a observar o sentido aparente *(ẓāhir)* do Alcorão e da Tradição.

Mas a política cultural dirigida pelos Almôadas não se limitou a combater a prática da "jurisprudência" e da "imitação" para impor um retorno às Fontes, ao "sentido aparente do Alcorão e da Tradição". Os Almôadas abriram-se igualmente às "ciências dos Antigos", soltaram as rédeas à filosofia, e começaram, na época de Abū Ya'qūb Yūsuf b. 'Abd-al-Mu'min, e em seguida na de seu filho Ya 'qūb al-Manṣūr, a reunir uma quantidade de livros dedicados à filosofia e às ciências antigas, de que logo possuíram um número tão grande quanto o califa omíada al-Ḥakam al-Mustanṣir, citado anteriormente. O califa almôada não colecionava os livros por preocupações decorativas, mas sim para lê-los: era ele próprio um adepto apaixonado da filosofia. Tendo observado "a confusão do discurso aristotélico" e "as palavras abstrusas" de Aristóteles, encarregou o filósofo de Córdoba, Abū al-Walīd Ibn Rushd, Averróis, de parafrasear esse autor. Foi o retorno às "fontes" no campo da filosofia, e o abandono da "imitação" dos filósofos orientais.

É preciso assinalar aqui que os soberanos do Maghreb tinham o costume, desde os inícios da dinastia almorávida fundada por Yūsuf b. Tāshfīn, que anexou al-Andalus a seu império, de enviar seus delfins como imediatos a al-Andalus. Os futuros soberanos eram, portanto, formados nesse país, em meio de seus sábios e de seus filósofos. Existe, portanto, um vínculo direto e orgânico entre a escola intelectual que se formara em Córdoba, desde a época omíada, e a política cultural adotada pelos Almôadas: os califas esclarecidos almôadas haviam sido formados em Córdoba, sob a orientação de seus sábios e de seus filósofos. Eram os homens de saber que compunham a Corte erudita do califa. Acrescentemos que os mesmos fatores que já haviam agido de maneira determinante na constituição do projeto cultural andalusī na época omíada vão aparecer de novo para orientar a política cultural do Estado almôada: o conflito e a competição que contrapunham o califado almôada a seus homólogos fatímida e abácida permaneciam muito vivos. Esse antagonismo deveria permanecer como uma das constantes da política dos Estados em al-Andalus e no Maghreb.

Depois deste lembrete histórico, necessário para revelar o aspecto de continuidade entre os dois momentos ḥazmiano e averroísta, vamos descrever os aspectos principais do momento averroísta, insistindo no seu significado epistemológico, como já o fizemos no caso do momento ḥazmiano.

Lembremo-nos, em primeiro lugar, que o discurso averroísta, embora de fato retome o projeto de Ibn Ḥazm em seu procedimento e em sua orientação, ultrapassa claramente este último por seu método e sua matéria. Isso não se deve unicamente à evolução do pensamento teórico em al-Andalus durante o período que separa as transformações acontecidas no pensamento do Oriente durante esse mesmo período. Averróis encontra uma situação que não existia na época de Ibn Ḥazm. Tem de enfrentar o "conciliacionismo" aviceniano e seus vestígios gnósticos, e repelir a ofensiva de Algazel contra a filosofia e os filósofos. Tudo isso se soma à tarefa de que foi oficial e publicamente encarregado: "suprimir a confusão do discurso de Aristóteles".

O trabalho de Averróis desdobrar-se-á, portanto, em quatro direções principais: 1. comentar a obra de Aristóteles e "facilitar a sua compreensão para o vulgo"; 2. mostrar que Avicena "desviou-se" dos fundamentos da filosofia e não seguiu o método demonstrativo; 3. refutar Algazel, demonstrando a "incoerência"[25] de suas objeções aos filósofos e mostrando que o método asharita representa um desvio em relação ao caminho indicado ao vulgo pela Revelação, e permanece incapaz de alcançar o grau da certeza; 4. elaborar um novo método que consiste na "evidenciação dos procedimentos da demonstração (utilizados pelo Alcorão) para expor os dogmas da Religião",[26] método fundado em dois princípios: "observar o sentido aparente" do Texto, ao mesmo tempo que se leva em consideração "a intenção do Legislador". Assim é que ele reordenará a relação entre sabedoria (filosofia) e religião, seguindo o princípio

25 Averróis é o autor de uma refutação de *A incoerência dos filósofos (Tcthāfut al--falāsifa)* de Algazel, a que deu o título de *Tahafut al-Tahāfut* (A *incoerência da incoerência)* .

26 *26 Al-Kahf 'an marāhij al-adilla fī 'aqā'id al-milla,* título de um tratado de Averróis, cujo propósito é definido por seu autor como "o exame do sentido aparente *(ẓāhir)* dos dogmas a que o Legislador queria que o vulgo aderisse", como distinto das falsas crenças em que as interpretações não fundadas dos teólogos o haviam mergulhado.

segundo o qual cada uma delas procede de seus próprios princípios e utiliza o seu método próprio de raciocínio, ainda que ambas visem ao mesmo objetivo: incitar à Virtude.

Vejamos rapidamente agora cada um dos "continentes" explorados pelo pensamento de Averróis:

1 A característica principal do pensamento de Averróis é, sem dúvida, o olhar sistemático que ele lança sobre as coisas, e seu método axiomático, expressões de uma preocupação de considerar as partes através do todo em que elas se inscrevem. Não há dúvida nenhuma de que esse procedimento intelectual, de espírito matemático, foi o fruto do trabalho daqueles sábios andalusīs que, como sublinhamos anteriormente, abordaram as ciências antigas através da matemática e da lógica, longe das polêmicas teológicas e da problemática da conciliação entre razão e transmissão. "Recomenda-se", escreve ele, "a todos os que escolheram a busca da verdade... quando se acharem diante de afirmações que lhes parecem inadmissíveis, que evitem rejeitar sistematicamente essas afirmações e tentem compreendê-las através do caminho que os que as colocam pretendem que leve à busca da verdade. Devem dedicar, para chegar a um resultado decisivo, todo o tempo necessário e seguir a ordem imposta pela natureza da questão estudada." É seguindo este procedimento metódico que o filósofo conseguirá compreender as questões religiosas do interior do discurso religioso e que o homem religioso conseguirá apreender as teses filosóficas do interior do sistema em que elas se inserem.

Compreendemos melhor assim o que nosso filósofo entende por aquilo que chama de "método demonstrativo", cujo elogio não deixa de fazer toda vez que critica os métodos dos pensadores orientais. Não se trata de um raciocínio dedutivo qualquer, mas sim de um método hipotético-dedutivo conscientemente aplicado e bem definido, que hoje chamaríamos de método axiomático. Segundo Averróis, qualquer outro método é apenas "dialético" ou "retórico". O raciocínio empregado por Avicena e os teólogos nada mais é do que o método dialético dos sofistas gregos. Esta visão axiomática estende-se a todos os campos tratados por Averróis em seus escritos. Não é significativo que ele se tenha contentado em escrever o *Colliget* ("Kuliyāt") da medicina, ou seja, as suas leis gerais, deixando a seu amigo e contemporâneo Ibn Zuhr o trabalho de escrever sobre as aplicações e os casos particulares? Averróis preferiu restringir-se à medicina teórica, porque ela respondia melhor à sua preocupação com a axiomatização. E o que é mais, a própria medicina é por ele definida axiomaticamente. A medicina é, para ele, "uma prática que se exerce a partir de princípios verdadeiros", e não somente por experiência e às apalpadelas. "Seu objetivo não é curar necessariamente (e diretamente), mas sim fazer o que é preciso na quantidade precisa e no tempo preciso, e depois aguardar o resultado, como é o caso da ciência da navegação e da ciência do comando militar." Com efeito, o corpo humano sobre o qual ela se exerce não é um corpo simples, mas constitui um sistema. Se o equilíbrio desse sistema estiver afetado pela doença, a medicina intervém não para restabelecer esse equilíbrio por sua ação própria, mas sim para ajudar o corpo a restabelecer por si mesmo o equilíbrio que lhe é inerente.

O procedimento axiomático manifesta-se igualmente no tratado de Direito de Averróis, intitulado *Começo para quem se esforça* [*por um juízo pessoal*], *fim para quem* se *contenta* [*com o ensinamento recebido*] (*Bidāyat al-mujtahid wa nihāyat al-muqtaṣid*), no qual o autor expõe os pontos de vista de diferentes escolas jurídicas, ao mesmo tempo que as justifica no interior do sistema de que fazem parte. É uma obra sem igual na matéria, um enorme trabalho realizado pelo espírito sintético de um homem de gênio.

É através do mesmo método que o nosso filósofo comenta as obras de Aristóteles; não como uma reunião de temas separados uns dos outros, mas sim como um sistema coerente. Lia Aristóteles através de Aristóteles, ou seja, referindo-se ao conjunto das opiniões deste, aos fundamentos da sua filosofia e comparando essas opiniões umas com as outras. Comparava entre elas as diversas traduções árabes. Isto lhe permitiu livrar a filosofia do *Magister primus* das alterações e das interpretações que lhe haviam infligido os comentadores anteriores, e em especial Avicena. O leitor atento dos comentários de Averróis perceberá sem dificuldade que a admiração de nosso filósofo por Aristóteles era motivada menos pelo fato de que aprovava esta ou aquela opinião do mestre do que por sua vontade de mostrar que o conjunto dessas opiniões se inscrevia claramente no interior de um único sistema, dotado de uma coerência interna: o que atraía Averróis em Aristóteles era o seu método demonstrativo, em que via o único método capaz de garantir a aquisição da ciência e da certeza.

Dito isso, devemos insistir, entretanto, no fato de que o nosso filósofo não era um mero comentador, um mero discípulo do Mestre. Se defende as teses de Aristóteles, isto, no mais das vezes, acontece para demonstrar que elas são justificáveis em seu sistema, e não para afirmar que elas são verdadeiras absolutamente. O princípio metódico que o guia em todos os seus comentários e em todas as suas refutações é esta frase que atribui, em *A incoerência da incoerência,* ao próprio Aristóteles: "Fazer justiça consiste em buscar argumentos em favor de seu adversário como se busca para si mesmo". Com efeito, Averróis considerava Aristóteles um "adversário", ao mesmo tempo que um amigo. Amigo, porque nele via um grande filósofo, cujo objetivo era apenas a busca da verdade; enquanto tal, Aristóteles era um *"mujtahid",* um pesquisador que praticava o *"ijtihād"* (esforço interpretativo) sobre o "livro do Universo". Adversário, porque Averróis sabia muito bem que nem todos os princípios sobre os quais se apoiava Aristóteles em sua busca da verdade eram compatíveis com os da religião muçulmana. Aristóteles e Averróis são amigos enquanto seguem ambos o mesmo caminho, o da razão, e tendem a uma mesma meta, a verdade. Mas o que os distingue é que cada um procede a partir de seus próprios princípios e possui seu próprio sistema de referência. Ora, é esta, precisamente, a mesma relação que Averróis estabelece entre a filosofia e a religião. Esse sentimento ambivalente para com Aristóteles se reflete na leitura de Averróis: preocupado em respeitar o sistema do *Magister primus,* ele se vê obrigado a interpretar sem deformá-las as teses de Aristóteles que não concordam com os dogmas muçulmanos. A interpretação do discurso de Aristóteles ganha aqui um aspecto novo: reduzir ao mínimo a diferença entre o ponto de vista de Aristóteles e o da religião islâmica. No entanto, a tarefa se mostra por vezes impossível. Então, Averróis procura desculpar a Aristóteles, demonstrando que os axiomas que este propusera como princípios implicavam necessariamente que ele chegasse a tais conclusões. Estas, como afirma ele muitas vezes, não são verdadeiras absolutamente. Sua veracidade é condicionada pelo sistema de que se originaram.

A principal preocupação de Averróis não era, portanto, defender Aristóteles a qualquer preço, mas sim compreendê-lo. É através dessas tentativas de compreensão e de interpretação que melhor se manifesta a originalidade de nosso filósofo. Muitas são as ideias concebidas pelo próprio Averróis, mas que ele atribui a Aristóteles, pela simples razão de que poderiam fazer parte do sistema aristotélico e porque, ao mesmo tempo, elas aproximavam esse sistema da visão muçulmana. Em suma, existe uma filosofia profunda e originalmente averroísta em seus comentários de Aristóteles, uma filosofia fundamentalmente racionalista, muçulmana e maghrebina por sua problemática.

2 Compreendemos, assim, em nome de que princípio Averróis critica o "grande mestre" Avicena. Segundo o filósofo de Córdoba, o "grande mestre", ao expor as opiniões dos filósofos, não seguira o método demonstrativo. Limitara-se ao método dos teólogos, o raciocínio analógico de dois termos, procedimento este que equivale a assimilar dois mundos totalmente heterogêneos, o mundo visível e o mundo invisível, ao passo que a analogia só é válida, segundo Averróis, "quando a passagem de um termo a outro é evidente, ou seja, quando a natureza do "conhecido" for idêntica à do "desconhecido". Em nome desta crítica metodológica, Averróis refuta todos os conceitos utilizados por Avicena para conciliar as noções religiosas e filosóficas. Esses conceitos se baseavam no postulado da existência de um valor terceiro que fazia concordar duas noções contraditórias, o que levou Avicena a conceber noções como "criado em si eterno no tempo", "o possível por si necessário por Outrem", "o conhecimento das coisas particulares de maneira universal", e "a possibilidade da processão do múltiplo a partir do Uno por emanação". Demorando-nos um pouco na crítica averroísta dos fundamentos epistemológicos do dispositivo nocional de Avicena, poderemos observar como, através dela, constrói-se uma ruptura e se anuncia um ponto sem retorno.

Para provar que o mundo é criado por Deus, os teólogos quiseram demonstrar que havia um começo. Mas dizer que o Mundo, Ato de Deus, tinha um começo levantava dificuldades graves. Por que Deus havia criado o Mundo num momento e não em outro? Além disso, dizer que fulano fez alguma coisa "antes" ou "depois" supõe que esse fazer tivesse um motivo. Ora, Deus, por sua mesma essência, é isento de toda motivação.

Para superar estas dificuldades, Avicena propusera o conceito de "criado em si eterno no tempo". Segundo ele, "o Mundo, considerado em si, é criado; considerado em relação ao tempo, é eterno". Para Averróis, trata-se de um problema ilusório, que vem de um raciocínio errado. Com efeito, Avicena e os teólogos, julga ele, assimilavam o começo do Mundo inteiro ao começo das coisas deste mundo. Por "começo", entendiam o fato de "ser criado no tempo e a partir do nada". Tomado neste sentido, o termo aplica-se efetivamente às coisas do mundo, mas não ao Mundo como totalidade. Na realidade, dizer que as coisas começam é dizer que elas mudam e se transformam, mas dizer que o Mundo tem um começo é dizer que ele é Ato de Deus, Ato sem nenhuma relação com o tempo. "Pois o Ato daquele cujo Ser não se desenvolve no tempo e que não é circunscrito por ele deve necessariamente não ser circunscrito pelo tempo e não se desenvolver num tempo determinado." É, portanto, para distinguir o começo do Mundo do começo das coisas do mundo que os filósofos (antigos) preferiam dizer que o Mundo é eterno.

Para evitar esta confusão, superando as dificuldades indicadas acima, Averróis propõe que se diga que o Mundo, enquanto totalidade, está "em perpétuo começo", sabendo muito bem que os teólogos não teriam aceitado esta tese. Não podiam, com efeito, conceber uma mudança sem começo nem fim, uma "criação perpétua", porque se haviam acostumado a assimilar o mundo metafísico ao mundo físico, a criação no sentido de "Ato de Deus" à criação no sentido de "aparecimento e desaparecimento" das coisas no mundo. É por isso que "se verificarmos devidamente as teses dos teólogos, perceberemos que concebem Deus como um humano eterno. Com efeito, assimilam o Mundo às coisas fabricadas pelo homem, por sua vontade, sua ciência e a sua potência. Quando lhes objetamos que (assim concebido) nosso Deus deveria ser um corpo, respondem que Ele é eterno, ao passo que todo corpo é criado. Devem, portanto, supor a existência de um homem sem corpo, Agente de tudo o que é, e isso não passa de uma metáfora e de uma expressão poética".

O "começo perpétuo" proposto por Averróis para resolver o problema da criação levanta, certamente, a questão do infinito, e nosso filósofo está consciente disto. Mas esta questão, segundo ele, só se coloca para aqueles que pensam o mundo metafísico por referência aos dados do mundo físico. Bem entendido, "é-nos impossível (a nós, humanos) conceber o infinito em ato, uma vez que os nossos conhecimentos estão separados uns dos outros. Mas se supusermos uma Ciência em que todos os conhecimentos estão reunidos, o finito e o infinito são o mesmo em relação a essa Ciência".

Averróis retoma o problema, muitas vezes levantado pelos teólogos, numa perspectiva mais matemática. Os teólogos pretendiam que o átomo deve ser indivisível, sem o que o infinito (os átomos de um corpo) seria maior que o infinito (os átomos de um corpo menor), o que é impossível. Mas também aí se trata de um falso raciocínio, cuja "falsidade consiste em que os teólogos confundem o contínuo e o descontínuo, e creem que o que é necessário para um também o seja para o outro. Ora, as noções de 'mais numeroso' e 'menos numeroso' só são válidas para as quantidades descontínuas, ou seja, para o que se refere ao número; no caso das quantidades contínuas, deve-se dizer que elas são 'maiores' ou 'menores' e não 'mais numerosas' ou 'menos numerosas'". O corpo, que é uma quantidade contínua", não poderia, portanto, ser mais ou menos numeroso do que outro corpo. Pode ser igual, maior ou menor. Sem esta distinção entre o contínuo e o descontínuo, "as coisas seriam todas números; absolutamente não existiriam quantidades contínuas e a geometria reduzir-se-ia à aritmética".

Avicena felicitava-se por ter conseguido provar, através de uma "simples divisão lógica", a existência de Deus e a criação do mundo, evitando as dificuldades ligadas a esta questão. Esta divisão consistia em distinguir três espécies de ser; o ser necessário por si (Deus), o ser possível por si (as coisas do mundo) e o ser possível por si necessário por outrem (o Mundo). Assim, dizia Avicena, "como o Mundo é possível por si, ele é criado; mas como é necessário por outrem (por Deus), é eterno". Tratava-se, pois, de um valor terceiro introduzido entre as noções de necessidade e de possibilidade, de que haviam falado Aristóteles e Fārābī.

Para Averróis, "esse acréscimo é supérfluo e errôneo, pois, de qualquer maneira que o consideremos, o necessário não pode ter nenhum caráter de possibilidade. Não existe nenhuma coisa dotada de uma natureza única, de cuja natureza se pudesse dizer que fosse ao mesmo tempo possível e necessária... pois o possível é o contrário do necessário". Além disso, o possível só poderia ser necessário, por si ou por outrem, se a sua natureza se transformasse na do necessário, o que é impossível. Da mesma forma, o necessário não pode tornar-se possível, "pois não há absolutamente nada de possível nas naturezas necessárias, sejam elas necessárias por si ou por outrem".

Os pensadores do Oriente muçulmano discutiram abundantemente a questão da causalidade. Para os mu'tazilitas, "racionalistas do Islã", o homem é livre; cria seus atos e é responsável por eles. Mas os atos são a resultante de uma cadeia de causas e de efeitos: dado isso, que dizer do ato primitivo que está na origem dessa cadeia? O agente dele seria responsável por todos os "atos gerados"? Assim se colocava o problema da "geração" *(tawlīd)* dos atos, primeira formulação do problema da causalidade no Islã.

Os teólogos ash'aritas defenderam, por seu lado, um fatalismo disfarçado. Sua doutrina, ambígua, afirma, por um lado, que Deus é o único Agente e que o homem não cria seus atos (só se pode fazer o que Deus permite que se faça). Mas sustentavam, por outro lado, que o homem deve assumir a responsabilidade por todos os atos que lhe são atribuídos. É o que eles chamavam de "aquisição" *(kasb)*. À noção de "aquisição", que equivale, em suma, a negar a liberdade do homem, corresponde, no nível dos fenômenos físicos, a noção de "hábito" *('āda)*. Os "atos gerados" não se devem à relação de causa e efeito, mas são criados por Deus. Assim, o ato milagroso *(mu'jiza)* dos profetas resultava possível; era um ato "inabitual", um sinal que provava a profecia.

Para provar a possibilidade do milagre *(mu'jiza),* Algazel, autoridade maior da teologia ash'arita, refutara a tese filosófica da relação necessária da causa com o efeito. Assim se explica ele a este respeito: temos o hábito de dizer que o fogo queima o algodão, mas nada permite crer com certeza que o fogo seja efetivamente a causa da combustão. Tudo o que podemos afirmar é que o algodão queima quando é tocado pelo fogo, e isto não implica que o algodão se queime por causa do fogo: "Ele se queima no fogo, e não pelo fogo". Consequentemente, é bem possível que o algodão não se queime, contanto que Deus o queira, mesmo se for lançado ao fogo. Um tal fenômeno, possível em si, querido por Deus e inabitual para nós, chama-se Milagre. É um dom de que dispõem os profetas para convencer os homens de sua condição de profetas.

Como racionalista intransigente, Averróis ergue-se contra esse discurso e responde que a negação da causalidade não é um meio de provar a profecia. Com efeito, o milagre não é a prova, mas o sinal da profecia. É preciso nele crer *a priori* e em seguida pedir a quem se diz profeta que manifeste o sinal extraordinário de sua condição de profeta. Ora, o milagre realizado pelo Profeta Muḥammad, na opinião de todos os muçulmanos, é o Alcorão, que não tem nenhuma relação com a causalidade. Em suma, se não se crê *a priori* na profecia, os atos milagrosos permanecem todos eles no domínio da magia. Além disso, aqueles que negam a causalidade esquecem-se de que sem ela é impossível provar a existência de Deus, pois sem a causalidade não se pode estabelecer a existência de causas secundárias que decorram da causa primeira. Sem a causalidade, o mundo permanece no domínio da contingência e do acaso, e a própria noção de Criador permanece conjectural, supérflua e vazia de sentido.

Mas deixemos os pormenores desta polêmica e examinemos de perto as ideias de Averróis sobre este problema filosófico e científico. Nosso filósofo defende a causalidade a partir de duas perspectivas: epistemológica e ontológica.

De um ponto de vista epistemológico, a ciência só é possível, segundo ele, se reconhecermos o princípio de causalidade. Pois “o conhecimento dos efeitos não poderia ser perfeito senão pelo conhecimento das causas. Negar isto (a causalidade) é declarar vã e suspender a ciência”. A definição, a demonstração, a distinção entre as coisas, suas propriedades, tudo isto se baseia no princípio de causalidade.

Portanto, Averróis interroga-se sobre a noção de hábito *(‘āda):* “Eu me pergunto o que eles (os teólogos) querem dizer com o termo 'hábito'". É o hábito do Agente (Deus)? Mas isto não é concebível para Deus, pois o hábito é uma faculdade adquirida através da repetição, e Deus é isento de um tal comportamento. É o hábito das coisas? Impossível, pois só se fala de hábito para os seres vivos. Dos não vivos, dizemos que têm uma natureza; ora, os teólogos rejeitam unanimemente o ponto de vista dos "naturalistas", que pretendem que tudo o que existe deve sua existência a sua própria natureza. Se, finalmente, entende-se por isso o hábito – inerente a nós mesmos – de julgar as coisas, "então o hábito só poderia ser esse ato da inteligência, suposto pela própria natureza dela, e pelo qual a inteligência é inteligência". Entendido neste sentido, o hábito não é nada menos que o princípio de causalidade. Assim, falar dele não tem mais sentido, "pois substituir uma palavra por outra nada muda, enquanto o conteúdo continuar o mesmo".

No entanto, se se transferir o "hábito" assim considerado do plano epistemológico para o plano ontológico, isto acarretaria, segundo Averróis, a negação da existência objetiva das coisas, "pois a existência das coisas só se baseia no fato de que elas estão em relação (causal) umas com as outras". É por isso que ele insiste na necessidade de acreditar na causalidade no nível ontológico; pois dizer que as coisas devem sua relação causal apenas a esse "hábito psicológico" teria como consequência inconveniente pretender que "os existentes são apenas convencionais".

De acordo com a sua concepção de uma causalidade ontológica, nosso filósofo compara o mundo a uma teia de aranha tecida pela causalidade. A essência do mundo é, portanto, pura harmonia. Por isso, é descobrindo essa ordem que reina no mundo que o homem constitui seu conhecimento. "Julgar as coisas do mundo é conhecer suas causas. Nosso juízo adquire um caráter necessário toda vez que nos fundamentamos num conhecimento completo das relações causais, mas continua sendo uma mera opinião toda vez que o nosso conhecimento das causas for incompleto. No entanto, é preciso ver que a nossa alma crê muitas vezes que tais opiniões são efetivamente juízos necessários, e isto em razão de nossa ignorância."

Portanto, conclui Averróis, "se os teólogos ash'aritas entendiam por 'hábito' esse tipo de juízos não necessários, mas que a nossa alma crê serem necessários, aceitaríamos a opinião deles sobre a causalidade. Mas, se quiserem com isso negar a possibilidade mesma de todo juízo necessário, dizemos-lhes: vós, que afirmais que nada é necessário, deveis considerar a vossa afirmação como não necessária".

Mas a causalidade não põe em questão a liberdade humana? Para responder a esta pergunta, cumpre precisar o que é entendido por livre escolha. Para Averróis, como, aliás, para todos os pensadores muçulmanos, ser livre quer dizer poder realizar a sua própria vontade. Ora, "a vontade do homem, escreve ele, é apenas um desejo nele estimulado de fora, inclusive por seu próprio corpo". E "o desejo é satisfeito cada vez que as relações causais, em seu corpo e fora dele, o permitem".

A liberdade seria, então, prisioneira do acaso? Não. No pensamento de Averróis, não há lugar para os acontecimentos fortuitos. Tudo está ligado por relações de causas a efeitos. A própria liberdade está incluída nessa rede causal, que lhe dá sentido e a torna inteligível. Sendo um ser racional, o homem é dotado de uma faculdade que lhe permite descobrir, progressivamente, quando e como as relações causais concordam com seu desejo. Esta faculdade não é senão a razão, que é ela mesma apenas o conhecimento das causas. Toda vez que o homem conhece as verdadeiras causas, ele se torna, portanto, capaz de satisfazer seus desejos, de realizar sua vontade, e é nisso que consiste a sua liberdade.

Dizer que o mundo é criado por Deus levantava um problema espinhoso, o problema do uno e do múltiplo: como conceber que um mundo múltiplo e que muda sem cessar possa decorrer de um ato simples, isento de mudança (o de Deus)?

Para resolvê-lo, os filósofos do Oriente muçulmano tomaram emprestada de Plotino a ideia de emanação *(fayḍ)* e dela fizeram uma teoria em que se baseava toda a filosofia do Ser e do conhecimento. Segundo essa teoria, o Ser necessário, o Primeiro Princípio, dotado de uma existência absolutamente completa e de virtudes absolutamente perfeitas, não podia, dada a sua Sabedoria e a sua Generosidade, conter todas essas virtudes em sua essência. "Era preciso necessariamente que Ele as espalhasse por toda parte, como a claridade e a luz, que emanam necessariamente do foco solar." Assim, "do Primeiro (Deus) emana o Intelecto primeiro, que, tendo consciência de seu princípio, faz emanar um outro Intelecto, o segundo, e, tendo consciência de si, gera uma esfera celeste, alma e corpo". Esse processo prossegue até o décimo Intelecto, "doador de formas" à matéria-prima *(hylé)*. Para Avicena, a emanação é tripartite. Cada Intelecto emanante, "tomando consciência de seu princípio, dá origem a um outro Intelecto; tendo consciência de si mesmo como sendo necessário por seu princípio, dá origem a uma alma; e tendo consciência de si como sendo possível em si, gera um corpo celeste", e isto até o décimo Intelecto, doador de formas.

Averróis recusa-se até a discutir a teoria da emanação, que qualifica como "fábulas e dizeres mais inconsistentes ainda que o discurso dos teólogos". Para ele, o problema do uno e do múltiplo havia sido levantado pelos antigos filósofos em resposta a adeptos de concepções dualistas (como o dualismo do Bem e do Mal), que lhes objetavam que o múltiplo não poderia provir do uno. Mas se os filósofos do Oriente muçulmano haviam de novo deparado com esta problemática, isto não ocorreu em ligação com o contexto em que a haviam elaborado os Antigos, mas sim porque procediam por um raciocínio analógico que consistia em assimilar o metafísico ao físico. Assim, escreve Averróis, "Farābī e Avicena, que aceitaram o ponto de vista de seus adversários (os teólogos) segundo o qual o agente no domínio do 'desconhecido' (o metafísico) procede da mesma maneira que o agente no domínio do 'conhecido' (o físico), e segundo o qual de um só Agente provém um só Ato, não podiam conceber que, do Primeiro, que é na opinião de todos uno e simples, provém o múltiplo". Nada é mais falso do que esse ponto de vista, "pois não há nada em comum entre o agente que, no mundo físico, só realiza uma única ação e o Agente primeiro. Este é livre absolutamente, aquele não o é, pois seus atas são sempre determinados. Assim, do Agente absoluto só provém um Ato absoluto, Seu poder de agir não deve ser concebido como umitado a este ou aquele gênero de ação"; pois, com efeito, trata-se "de uma força espiritual que inerva todo o Universo".

Nosso filósofo explica-se nestes termos: "As coisas que não podem existir sem estarem ligadas umas às outras, como estão ligadas a forma e a matéria, e todas as coisas do mundo entre si, dependem para a sua existência do laço que as une. Se assim é, aquele que fornece o laço dá, com isso, a existência. Por conseguinte, é necessário que haja um e um só Ser cuja existência não dependa de nada. É igualmente necessário que esse Ser só dispense um único dom (ato ou força) cuja unidade se diversifique segundo cada ser e a sua natureza própria; e desse Dom único, dispensado a cada ser, os seres tiram a sua própria existência. Eles se escalonam até a Unidade Primeira (Deus)".

Cria Averróis na "Alma Universal"? Não é o que pensamos. Ele compara o Universo a uma cidade bem organizada, e Deus no comando da cidade. A vontade de Deus espalha-se pelo Universo como são difundidas as ordens do chefe da cidade na sociedade. Trata-se, pois, de uma força espiritual difundida por todo o Universo, ligando as suas partes umas com as outras e conservando-lhes a existência. "É preciso, escreve ele, que haja uma força espiritual que inerve as partes do mundo, como existe no animal uma força que une as suas partes. A diferença entre as duas forças está ligada ao fato de que o laço do Universo é eterno, porque aquele que o mantém é eterno."

Conhecer todos os acontecimentos, todas as coisas, o menor sopro, a menor ideia ou ação, é conhecer Tudo. Só Deus sabe Tudo. Mas o mundo está em perpétua mudança, e conhecer o mundo supõe que o saber daquele que sabe esteja exposto a essas mudanças. Ora, Deus, por sua essência mesma, está isento de toda mudança. Assim sendo, como conceber que Ele conhece Tudo, quando seu conhecimento deve ser absolutamente imutável?

Esta questão não fazia parte das preocupações dos teólogos, cujo propósito era afirmar que Deus conhece Tudo, tanto as coisas como os acontecimentos, tanto as ações como as intenções, que nada pode escapar à sua Ciência, para justificar o dogma do Juízo Final. Mas para os filósofos, dizer que Deus conhece os seres particulares, com todas as mudanças que eles sofrem, implica que a ciência de Deus mudasse e que, por conseguinte, a sua Essência estivesse sujeita a mudanças, o que é incompatível com a ideia de Deus. Afirma-o claramente Fārābī: o objeto da ciência de Deus são os princípios que regem as mudanças, e não os seres que mudam. Para conciliar estas duas teses contraditórias, a dos teólogos e a de Fārābī, o "grande mestre" Avicena propusera a seguinte solução: "Deus conhece tudo, do menor átomo ao maior corpo (o particular), e isto de maneira universal".

Uma tal conciliação verbal não poderia ser admitida por um lógico preocupado com o rigor. Para Averróis, trata-se mais uma vez de um problema ilusório, devido ao modo de raciocínio que consiste em assimilar a ciência divina à ciência humana, apesar da diferença de natureza entre elas. "A nossa ciência, escreve ele, é (um efeito) causado pela coisa conhecida. Sua criação está, portanto, subordinada à da coisa, e ela muda na mesma medida da mudança da coisa. Mas a Ciência que Deus – glorificado seja Ele – tem do Universo é o inverso disso. Ela (própria) é o que causa a coisa conhecida, que é também a coisa existente. Aquele que assimila uma dessas ciências à outra identifica uma à outra as essências de dois contrários, e isto é o paroxismo da ignorância."

Para o nosso filósofo, o erro dos teólogos, de Farabī e de Avicena se deve ao uso de termos não rigorosamente definidos. Conhecer, para eles, é perceber as coisas em sua justaposição, ao passo que deveria ser discernir claramente a ordem e a harmonia que reinam nas coisas e entre elas. O verdadeiro conhecimento tem como objeto não as coisas separadas, mas seu laço; e a razão humana não é senão essa ordem no espírito, que corresponde à ordem do universo. Essa própria ordem provém de Deus; é o Dom, o Laço de que tratamos mais acima. Sendo causa de Tudo, a Ciência de Deus é absolutamente perfeita e nobre. A nossa, enquanto não é senão o efeito das coisas, permanece sempre imperfeita, na medida em que permanecemos sempre aquém de apreender toda a ordem e toda a harmonia que reinam no Universo. "A Ciência de Deus, escreve Averróis, não deve ser qualificada nem como particular nem como universal. Ela é a Fonte de toda a ordem no mundo." Era isso que queriam dizer "os antigos filósofos (que) afirmavam que a Inteligência divina é todas as inteligências, todos os seres, mas de uma maneira mais nobre e mais perfeita".

3 Em suas refutações das objeções de Algazel contra os filósofos, Averróis mostra que este não conhecia os propósitos dos filósofos por seus textos, mas se contentara em estudá-los através da apresentação que deles fez Avicena, "daí sua incompetência na matéria", pois as teses dos filósofos "se fundamentam em princípios que devem ser discutidos em primeiro lugar. Se se admitirem, em seguida, esses princípios e se reconhecerem as conclusões a que eles dizem ter chegado pela demonstração, já não cabe nenhuma dessas objeções contra eles". Daí a inutilidade das objeções de Algazel. Ao contrário do que pretende este último, os filósofos, segundo Averróis, não contestam a religião, "pois não se trata, para os filósofos que creem na divindade, de discutir e de polemizar contra os princípios da religião. Com efeito, uma vez que todas as ciências (as ciências teóricas) se baseiam em princípios próprios e aquele que as aborda deve admiti-los sem discutir a sua veracidade, o mesmo acontece, e com mais forte razão, no caso da ciência prática que é a religião". Algazel, por seu lado, não respeita este procedimento, pois refuta os filósofos sem "citar os motivos que os levaram a defender as suas opiniões, o que teria permitido ao leitor comparar esses motivos com as palavras a que o próprio Algazel recorre para atacar as palavras dos filósofos". Assim, "a maior parte dos argumentos que esse homem opôs aos filósofos são apenas dúvidas surgidas ao confrontar algumas de suas afirmações com outras"; e esta maneira de refutar é "a mais inconsistente e a mais baixa que existe, pois não garante de modo algum o assentimento fundado na demonstração ou na persuasão".

Ao contrário da crítica algazeliana da filosofia, a crítica que Averróis dirige ao ash'arismo passa pela exposição dos princípios e das premissas em que essa escola funda a sua doutrina. Depois de tê-los examinado minuciosamente, Averróis explica que "os procedimentos a que recorrem os ash'aritas para confirmar suas interpretações não estão de acordo nem com o vulgo nem com a elite, pois não satisfazem, se os examinarmos, as condições da demonstração... Muitos princípios em que se baseiam os conhecimentos dos ash'aritas pertencem à esfera da sofística, pois essa gente nega mais de uma verdade necessária, como a da permanência dos acidentes, da influência das coisas umas sobre as outras, da existência das causas necessárias aos efeitos, das formas substanciais e das causas segundas. Aqueles dentre eles que especularam sobre estas questões injuriaram os muçulmanos, pois uma parte dos ash'aritas acusa de infidelidade *(kufr)* todo aquele que não conheça a existência do Criador pelos métodos que eles inventaram com esta finalidade em suas obras...". O principal alvo da crítica de Averróis aos ash'aritas será, portanto, o conjunto dos princípios epistemológicos que fundam a teologia dessa escola, e que mencionamos anteriormente: o princípio da descontinuidade, que tem como corolário a negação da permanência dos acidentes; o princípio da contingência e seu corolário, a negação da existência das causas necessárias aos efeitos. No que se refere ao terceiro princípio – a analogia do conhecido ao desconhecido –, vimos que Averróis criticou a utilização que dele fez Avicena para conciliar dois mundos totalmente heterogêneos. Fundado em tais princípios, o método dos ash'aritas não pode aspirar ao rigor do método demonstrativo, o que o toma inapto a ganhar a adesão dos sábios e dos filósofos. Mas, como ele tampouco se limita aos "dados óbvios do dogma que o Texto revelado quis levar a massa a observar", permanece igualmente incapaz de edificar o vulgo. Corrompe o espírito das massas e suscita a oposição dos filósofos. "Uma comparação atenta entre o conjunto (dos princípios ash'aritas) e a intenção do Texto revelado mostra que eles, em sua maioria, não passam de um amontoado de asserções inventadas por eles e de interpretações inovadoras."

4 Isso nos leva ao quarto grande tema explorado por Averróis: a elaboração de uma metodologia que permita "conformar-se ao sentido aparente" do Texto. Averróis vincula-se aqui a Ibn Ḥazm, embora desenvolvendo o ẓāhirismo deste último de uma tal maneira que a fonte de referência adotada já não seja unicamente a literalidade dos textos, mas também "a intenção do Texto revelado". Essa ampliação vai conferir ao ẓāhirismo um caráter mais rigorosamente "demonstrativo". Como o de Ibn Ḥazm, o método de Averróis consiste em limitar-se ao sentido aparente do Texto revelado e em não levar a interpretação *(ta'wīl)* – se esta se mostrar indispensável – além do "deslocamento do significado de uma expressão do sentido próprio para o sentido figurado", sem atentar contra o uso da língua dos árabes. Quando não se consegue captar um sentido, é preciso recorrer ao exame indutivo do conjunto do Texto revelado. A estes elementos, Averróis acrescenta a necessidade de levar em conta "a intenção do Texto revelado". Seguindo este método, Averróis consegue estabelecer que as verdades atestadas pela via "indicacional" da Revelação e as verdades provadas pelo método "demonstrativo" dos filósofos estão de acordo e em harmonia. "Estudando o Livro precioso, escreve ele, perceberemos que (os argumentos utilizados no Alcorão para despertar os homens para a criação do mundo e para a existência do Criador) são de dois tipos: primeiramente, mostrar a solicitude exercida por Deus para com o homem, e o fato de que todas as coisas foram criadas em sua intenção. Chamaremos isto de 'prova pela solicitude'. Em segundo lugar, mostrar que Deus inventou as substâncias das coisas existentes: Ele, assim, inventou a vida nos corpos (inanimados), bem como as percepções sensoriais e a razão. Chamaremos isto de 'prova pela invenção'." Esta argumentação, que recorre à prova pela solicitude e à prova pela invenção para estabelecer a existência de Deus, que é acessível à inteligência do vulgo, haja vista a simplicidade e a clareza destas provas, e que concorda com as provas dadas na Revelação, uma vez que é o Texto revelado que a sugere, "é fundamentalmente a mesma que a da elite... Os dois tipos de conhecimento só diferem pela quantidade de pormenores que fornecem. O vulgo contenta-se em conhecer a solicitude e a invenção segundo um modo primitivo de conhecimento baseado na sensibilidade, ao passo que os doutos acrescentam a esse conhecimento pela sensibilidade o conhecimento da solicitude e da invenção pela demonstração. Nestes dois modos de conhecimento, os doutos não superam o vulgo unicamente pela quantidade de seu saber (a quantidade dos pormenores que conhecem), mas também pela profundidade de seu conhecimento de uma única e mesma coisa".

Estendendo esta metodologia ao tratamento das outras questões levantadas pelos teólogos, percebe-se, ao mesmo tempo pelas provas fornecidas na Revelação e pelo método demonstrativo, que a negação das naturezas individuais das coisas e da eficiência das causas, que a compreensão teológica do livre-arbítrio e do determinismo divino etc., são apenas "interpretações inovadoras", carentes de apoios textuais explícitos e não compreendidas na intenção do Texto revelado. A partir destas considerações, Averróis consegue estabelecer o seguinte: não há antagonismo nem contradição entre a sabedoria e a religião: "a sabedoria é a companheira e a irmã de leite da religião". Embora uma certamente difira da outra por suas premissas, seus princípios e seus métodos de argumentação, ambas perseguem a mesma meta: a aquisição da Virtude. Ambas visam igualmente à Verdade, e "uma Verdade não contradiz a outra, mas concorda com ela e testemunha em seu favor". Por conseguinte, se acontecer de uma opinião atribuída à filosofia contradizer a religião, ou de uma opinião pretensamente religiosa contradizer a filosofia, só pode tratar-se "de uma opinião sem fundamento na Revelação (como o são em seu conjunto as opiniões dos teólogos) ou de uma opinião filosófica errônea, isto é, uma falsa interpretação da filosofia" (como as interpretações de Avicena).

O discurso filosófico averroísta é, portanto, um racionalismo crítico e realista. No plano cognitivo, Averróis liberta-se da hegemonia do sistema epistemológico consagrado no Oriente principalmente pela escola de Ḥarrān[27] e pelo neoplatonismo em geral. Por outro lado, no plano ideológico, ele se libertou da conjuntura sócio-histórica que engendrara o sonho da "Cidade virtuosa" de Fārābī e a "filosofia oriental" aviceniana, o que lhe permitiu estabelecer um novo olhar sobre a relação entre religião e filosofia, olhar fundado num racionalismo realista que permitia preservar a identidade e a independência de cada um destes dois campos, para fazê-los concorrer a um mesmo objetivo: a busca da Verdade.

O discurso averroísta inscreve-se no quadro do discurso racionalista, realista e crítico do pensamento árabe-islâmico da época dos Almôadas no Maghreb e em al-Andalus. Este discurso é ele próprio um reflexo da luta política, ora latente, ora aberta, entre os califados abácida e fatímida, e um Maghreb que pôde

---

27 Os "sabeístas" da cidade de Ḥarrān eram uma comunidade religiosa implantada antigamente no norte da Mesopotâmia. Segundo o que se conhece de sua tradição religiosa, os ḥarranianos reconheciam como profetas Agathodêmon e Hermes – que foram identificados com Seth e Edrîs –, bem como Orfeu. Criam na existência de um Criador transcendente, acessível somente por intermédio de espíritos intercessores – dentre os quais, as Inteligências que habitam as esferas dos setes planetas – a cuja realidade a alma humana purificada podia elevar-se. Embora sua comunidade tenha por muito tempo visto o seu direito à existência contestado sob o poder muçulmano, deu à cultura árabe-islâmica muitos sábios eminentes. Sua herança científica é uma das vias principais pelas quais a tradição hermetista pôde infiltrar-se na cultura árabe-islâmica.

escapar, com al-Andalus, da autoridade do califado abácida desde a origem deste último. Uma atitude de reserva, em política, exprime-se no terreno do pensamento por uma filosofia crítica. O realismo crítico averroísta não foi apenas o prolongamento de uma tendência inaugurada por filósofos andalusīs anteriores, como Avempace[28] e Ibn Ṭufayl. Foi, antes, o resultado de uma grande corrente crítica movida permanentemente por uma única preocupação: "mandar de volta ao Oriente a sua mercadoria."[29] É esta mesma preocupação que refletiram o ẓāhirista Ibn Ḥazm no campo da ciência da Lei, o gramático Ibn Madā'[30] de Córdoba na gramática, o "Mahdī" Ibn Tūmart na teologia e Averróis na filosofia.

Com Averróis, é, portanto, uma concepção radicalmente nova da relação religião-filosofia que se delineia: é preciso ressaltar a racionalidade nestes dois campos, no próprio interior de cada um deles. A racionalidade na filosofia fundamenta-se na observação da ordem e do arranjo do mundo e, com isso, no princípio de causalidade, ao passo que a racionalidade na religião se fundamenta na consideração da "intenção do Legis-

---

28 Abū Bakr Muḥammad b. Yaḥyà b. al-Ṣa'igh Ibn Bājja, o Avempace dos latinos (morto em 533/1138). Natural de Saragoça no final do século V/XI, refugiou-se em Sevilha depois da tomada de sua cidade natal por Alfonso I de Aragão. Exerceu ali a medicina, bem como em Granada. Foi envenenado por seus confrades médicos na corte de Fez. É um dos primeiros nomes da filosofia de al-Andalus, na época almorávida. São conhecidos muitos comentários seus dos tratados de Aristóteles (Física, Meteorologia, História dos animais). A maior parte dos seus escritos permaneceu inacabada. O tratado que lhe valeu sua fama é o *Tadbīr al-mutawaḥḥid (O regime* do *solitário).* Imprimiu à filosofia em al-Andalus uma direção original, que encontraria sua expressão acabada na obra de Averróis.

29 Alusão à célebre frase de um oriental, o vizir buyida Ṣāḥlib b. 'Abbād, grande amante das letras, que, tendo um dia lido a antologia literária de um autor andalusī, Ibn 'Abn Rabbihi, fez esta observação: "Estão-nos mandando de volta a nossa mercadoria!".

30 Aḥmad b. 'Abd al-Raḥmān b. Muḥammad Ibn Maḍā' (513-592 / 1119-1195). Grande gramático de Córdoba, é conhecido principalmente por seu *Kitāb al-Radd 'alà al-nuḥāt* (A *refutação dos gramáticos).* Ibn Maḍā' critica ali o princípio

lador", cuja finalidade última é incitar à virtude. A noção de "intenção do Legislador" no campo das ciências tradicionais corresponde à de "causas naturais" nas ciências racionais. São estes os princípios em que se baseia o "demonstracionalismo" de Averróis. Depois virão Shāṭibī,[31] e Ibn Khaldūn,[32] que, com base nestes mesmos princípios, realizarão a "racionalização" da Revelação e da história.

---

da motivação *(ta'līl)* das flexões desinenciais da língua árabe. As teorias dos gramáticos orientais afirmavam, com efeito, que os substantivos e os verbos na frase árabe assumiam esta ou aquela flexão em razão de sua função sintática, considerada "motivo" *('illa)* da flexão em questão. São visíveis as afinidades desta operação com a dos juristas (shāfi'itas, em especial), para os quais as qualificações jurídicas também deviam ter um "motivo". A ilicitude do vinho, por exemplo, tinha como motivo seu "caráter inebriante" *(iskār)* (em virtude do qual a qualificação de ilicitude podia ser estendida a toda bebida que comportasse o mesmo caráter). Ibn Maḍā' julgava, portanto, que os fenômenos gramaticais não podiam ser explicados, mas apenas constatados e deduzidos a partir unicamente do dado linguístico.

31 Abū Isḥāq b. Mūsà al-Shāṭibī (morto em 790/1388). Jurista andalusī natural de Granada. Reúne em sua formação as ciências tradicionais e racionais. É o autor de um *Kitāb al-I'tiṣām,* tratado contra as heresias, e de uma obra capital acerca da ciência das fontes/fundamentos do Direito, os *Muwāfaqāt fī uṣūl al-sharī'a*. Vivendo numa época de declínio da cultura do pensamento em al-Andalus, ressente-se penosamente da situação intelectual e social de seu tempo: onipresença do sufismo das confrarias, predominância do "conformismo imitativo" *(taqlīd)* em matéria de Direito. Esse estado de coisas sem dúvida influenciou muito o seu projeto reformador de refundação das fontes/fundamentos do Direito sobre as "intenções [*maqāṣid*] do Legislador", ou seja, o interesse geral, simétrico à "causa final" (o bem) de Aristóteles, pelo qual Shāṭibī, na linha do averroísmo, quer substituir o velho princípio da analogia jurídica. Embora o projeto de Shāṭibī tenha permanecido sem efeitos, em razão do declínio geral de al-Andalus em sua época, seu pensamento jurídico permaneceu, no entanto, presente em todo o Maghreb. Muḥammad 'Abduh, que o estimava muito, conheceu as *Muwāfaqāt* e o *I'tiṣām* por ocasião de uma viagem à Tunísia. Mais recentemente, o grande reformador fundamentalista e político marroquino 'Allāl al-Fāsī valeu-se da autoridade de Shāṭibī

32 'Abd al-Raḥmān Muḥammad Ibn Khaldūn (732-808/1332-1406). Nascido em Túnis, de uma família andalusī de eruditos e funcionários, estudou as ciências

Shāṭibī e as proposições gerais (kulliyyāt) da Lei revelada (sharī'a)

Visão sistemática e axiomática e recurso à noção de "intenções" como princípio para racionalizar um campo do pensamento onde não tem vigência o princípio de causalidade eficiente (mecânica) tornar-se-ão os dois elementos característicos e fundadores do pensamento teórico em al-Andalus, amadurecido por Averróis em seus aspectos teológico e filosófico, e que mais tarde serão adotados por Shāṭibī em sua tentativa de refundação das fontes/fundamentos do Direito.

Como fazer que a racionalidade nas ciências jurídicas se baseie no "categórico" *(qaṭ')* – equivalente da "certeza" nas ciências racionais – quando se sabe que essas ciências se baseiam na transmissão *(naql)* e não vieram da razão? Isso é possível, garante Shāṭibī, com a condição de que se adote o método demonstrativo e se baseiem as fontes/fundamentos nas "proposições gerais da Lei" e nas "intenções do Legislador". As "proposições gerais" da Lei são o equivalente das "proposições racionais" das ciências teóricas. Quanto às intenções do Legislador, elas representam a "causa final" que ordena a racionalidade da Lei.

Alcorânicas e linguísticas, a Tradição e a jurisprudência. Em 753/1352, estabeleceu-se em Fez, na corte do Sultão Marīnīda Abū 'Inān. Foi lá que entrou em contacto com os pensamentos ele Avicena e de Averróis. Frequentou diversos centros de poder no Maghreb e em al-Andalus, antes de se retirar em 776/1375 para compor sua obra mais importante, a *Muqaddirna,* que foi a introdução à sua história do mundo, o *Kitāb al-'lbar*. Entrou para o serviço do sultão mameluco e exerceu a função de juiz supremo mālikīta no Egito. Em sua *Muqaddima,* estabelece os princípios de uma ciência nova e independente, que se define por seu objeto: o conjunto da civilização humana. Celebrizou-se por uma crítica da historiografia islâmica e propôs um método de verificação dos dados históricos baseado em leis inerentes à história. A grande originalidade de suas concepções levou alguns a nele saudar o fundador da crítica histórica e o precursor da sociologia moderna.

Seja. Mas como chegar às "proposições gerais" na Lei, sabendo que a Lei é constituída de injunções e de proscrições que incidem sobre casos particulares? Chega-se a essas proposições gerais da mesma maneira como se chega às das ciências teóricas, responde Shāṭibī: pelo exame *(istiqrā')* do conjunto das proposições particulares da Lei, de que se deduzirão as proposições gerais. Por certo, essas proposições gerais têm origem numa indução por enumeração.[33] Mas são, apesar de tudo, categóricas, exatamente como as "proposições gerais da língua árabe" – ou seja, as regras da gramática – e as proposições das outras ciências indutivas semelhantes à gramática.

As proposições gerais da Lei são qualificações categóricas, porque o procedimento indutivo de que provêm é submetido às mesmas instâncias que nas ciências demonstrativas. Segundo Shāṭibī, essas instâncias são três: 1. A universalidade e a generalidade. As prescrições legais possuem efetivamente estas duas qualidades, pois se aplicam ao conjunto dos humanos responsáveis perante a Lei *(mukallafūn)* e sua aplicação não está circunscrita a um tempo ou a um lugar dados. 2. A permanência e a imutabilidade. As prescrições legais são, com efeito, permanentes e imutáveis: o que é prescrito como imperativo *(wājib)* permanece assim, o que é prescrito como ilícito *(ḥarām),* também. O que é dado como causa *(sabab)* permanece causa; o que é dado como condição *(sharṭ)* permanece

33 A indução por enumeração, sinônimo da indução formal, é a operação pela qual se enumeram as espécies diferentes que compõem um gênero, para daí concluir uma proposição relativa a este. Na perspectiva jurídica de Shāṭihī, ela equivale a enumerar todas as prescrições particulares oriundas das Fontes jurídicas (livro, Tradição) que tratam de um dado ponto, para daí extrair uma *proposição geral*. Do ponto de vista da lógica, este modo de raciocínio é perfeitamente rigoroso e probante, com a conclição de que o número de casos abrangidos seja finito e completamente enumerado, o que é, evidentemente, o caso no método de Shāṭibī. É o que autoriza que se diga que as proposições gerais da Lei, embora "concluídas a partir de uma indução por enumeração", são *categóricas*.

condição.[34] 3. A soberania, ou seja, "o fato, para uma ciência, de ser absolutamente julgante e não submetida a julgamento". Com efeito, a Lei é constituída de injunções e de proscrições sobre as quais nenhuma autoridade prevalece. A Lei satisfaz, portanto, às condições de uma ciência demonstrativa, e, embora "dada" e não produzida pela razão, "ela é a igual das ciências racionais, por fornecer um conhecimento categórico... Pois a ciência no domínio da Lei consiste num exame que ordena elementos dispersos, de modo que esses elementos se apresentem à razão como um conjunto de proposições gerais universais não caducas e não obsoletas, julgantes e não submetidas a julgamento. São estas também as características das proposições gerais racionais. Estas são deduzidas de um exame cujo objeto é o universo, e o universo é uma coisa 'dada', não uma construção da razão. Deste ponto de vista, as proposições gerais racionais não diferem de modo algum das proposições gerais da Lei".

Assim são, para Shāṭibī, as proposições gerais da Lei, ou premissas do procedimento demonstrativo no campo da ciência das fontes/fundamentos do Direito. Quanto às "intenções do Legislador", simétricas da causalidade no domínio da Lei, enumera ele quatro principais: 1. A Lei foi instituída para preservar os interesses dos homens. Esses interesses são de três tipos: vitais, utilitários e supérfluos. O ser humano tem cinco interesses vitais: a preservação de sua vida, de sua saúde mental, de sua espécie, de sua propriedade e de sua religião. Os interesses utilitários, como vestimenta, habitação etc., não podem ser perfeitamente circunscritos. Quanto ao supérfluo, varia extre-

34 Na terminologia da ciência das fontes/fundamentos do Direito, a "causa"e a "condição" são modalidades que assinalam certos fatos e que justificam a qualificação jurídica desses fatos. Dir-se-á, por exemplo, que a coerção é a "causa" em virtude da qual é lícito o consumo da carne de um animal morto, e que a chegada à maioridade do órfão é a "condição" para que seja obrigatória a devolução de seu pecúlio a esse órfão por parte de seu tutor.

mamente: o perfume, o luxo na vestimenta, o luxo doméstico etc.; 2. Comunicar. A Lei destina-se a ser compreendida. Tendo sido revelada na língua e no ambiente social dos árabes, para compreender a Lei é preciso fazer referência a seus usos linguísticos e sociais. 3. Determinar as obrigações. A regra geral na matéria quer que "o homem não possa, do ponto de vista da Lei, e mesmo que fosse racionalmente possível, ser obrigado a uma ação de que é incapaz". Pois "Deus só impõe a cada homem o que ele pode carregar".[35] 4. "Subtrair o homem responsável perante a Lei divina à solicitação de suas paixões, para que ele seja um servidor de Deus por sua livre escolha, como o é por necessidade".

São estas as "intenções" que devem ser levadas em consideração quando se determina uma qualificação legal. Elas são quatro. Não estão as "intenções" relacionadas com as "causas" de Aristóteles, que também são quatro? Não se pode, por exemplo, aproximar a "causa material" e a "capacidade de cumprir as obrigações"? A "causa formal" e o "uso dos árabes"? A "causa eficiente" e "a intenção de subtrair o homem do império de suas paixões"? A "causa final" e "o interesse dos homens"? Digamos, pelo menos, que o modelo reconhecido de racionalidade de referência no método demonstrativo na época medieval era o modelo aristotélico e que, portanto, não é de espantar que se encontrem vestígios desse modelo em todas as tentativas de racionalizar sistemas de pensamento, tanto os sistemas puramente teóricos, como as ciências racionais (Averróis), quanto as disciplinas inscritas num quadro racional, como a ciência das fontes/fundamentos do Direito (Shāṭibī) e a interpretação da história (Ibn Khaldon).

35 Alcorão, II 286.

Ibn Khaldūn e as "propriedades naturais da civilização" (ṭaba' i' al-'umrān)

Na introdução de seus *Prolegômenos,* Ibn Khaldūn explica que, tendo tomado conhecimento dos trabalhos dos historiadores e verificado o quanto essas obras abundavam em narrativas que relatam fatos inadmissíveis para a razão da maneira como são apresentados, resolveu compor uma obra de história, obra sobre a qual diz: "Graças a este livro, desvelei as condições de surgimento das gerações e o dividi em capítulos, tratando tanto das narrativas históricas quanto do sentido dos acontecimentos. Elucidei as causas inerentes à gênese da civilização e das dinastias... Trata-se, em suma, de um comentário sobre as condições da civilização e da urbanização *(tamaddun),* sobre as características próprias da vida dos homens em sociedade, que permite ao leitor gozar do conhecimento das causas da formação e do desenvolvimento dos fatos de civilização e compreender como os fundadores de dinastia constituíram seu poder".

Como se vê claramente, trata-se de um projeto para fazer da história, por sua vez, uma ciência fundamentada na demonstração, para elevar a história, antes mera atividade de compilação de "narrativas acerca de guerras e das dinastias, bem como dos séculos mais distantes, sujeitos a muitos exageros, e que gostam de citar como exemplos", à condição de prática científica fundada no "exame rigoroso das narrativas, na explicação dos fatos e de sua gênese pela causalidade, e no conhecimento aprofundado do como e do porquê dos fatos". Assim entendida, a história fará parte, portanto, das ciências demonstrativas: "Ela tem o seu fundamento e as suas raízes na sabedoria (a filosofia) e merece amplamente ser tida como uma de suas ciências.

Como fazer da história uma ciência, quando o objeto da história são fatos particulares, pontuais, inscritos em suas condições temporais e espaciais próprias e tendo cada um suas próprias causas, imediatas e distantes? Ibn Khaldūn responde que, embora a história consista, sim, em fatos particulares, não deixa de ser possível dar o primeiro passo num procedimento capaz de elevar a história à condição de ciência, se se conseguir pôr a narrativa em conformidade com o real, de tal maneira que essa narrativa já não nos informe apenas sobre a situação no tempo ou no espaço do acontecimento que narra, mas também sobre as causas que o tornaram possível, de modo que a narrativa nos represente o acontecimento sob uma forma racionalmente inteligível.

Por conseguinte, a tarefa prioritária do historiador que procure tornar científica a história é elaborar um "critério justo" segundo o qual avaliará as narrativas contadas e distinguirá aquelas que são conformes ao real das que não o são. Este critério reside no conhecimento das "propriedades naturais da civilização". Com efeito, "a civilização *('umrān)*, em suas condições diversas, tem propriedades naturais *(ṭabā'i')* a que devem ser reconduzidas as narrativas e em função das quais as tradições relatadas *(riwāyāt)* e as palavras dos antigos *(āthār)* devem ser apreciadas". Só se poderia, portanto, racionalizar a história, ou seja, submeter à consistência racional a representação do real fornecida pela narrativa, "conhecendo as propriedades naturais da civilização". Este caminho "é o mais seguro para o exame das narrativas contadas e para a distinção entre o verdadeiro e o falso. Tem importância maior do que o exame segundo o método da crítica dos relatores.[36] Só se deveria recorrer a este último depois de ter sido estabelecido que a narrativa em si mesma é possível ou impossível. Se ela for impossível, não é necessário proceder à crítica dos relatores". Em outras palavras: "A regra a ser aplicada para distinguir o verdadeiro do falso nas narrativas a partir destas noções de possibilidade e de impossibilidade é examinar a sociedade

36 Método de crítica externa utilizado pelos eruditus muçulmanus nas ciências tradicionais e codificado em particular em sua aplicação à ciência do *ḥadīth*. Consiste em verificar um dado transmitido *(khabar)* procedendo ao exame da cadeia dos relatores *(isnād)* por intermédio dos quais esse dado chegou até nós.

humana, ou seja, a civilização, nela distinguindo os estados que a afetam por sua essência e segundo sua natureza, os que a afetam por acidente e que não devem ser levados em conta, e os que não podem afetá-la". As "propriedades naturais da civilização" são, portanto, na ciência da sociedade humana, "proposições gerais". Uma vez que os fatos se produzem em virtude de uma natureza própria à civilização e são, portanto, necessários, são regidos pelo princípio de causalidade, exatamente como as outras coisas criadas: "Toda coisa criada no mundo sublunar, seja ele essência ou ato ánimal ou humano, exige necessariamente uma causa que a precede, graças à qual ela se inscreve na 'permanência do hábito'[37] e chega a seu acabamento". Trata-se, aqui, das causas que a razão pode cingir, aquelas pelas quais a razão estabelece a racionalidade das coisas. São "as causas naturais aparentes, cuja ordem e arranjo (a razão), ao apreendê-las, discerne". Quanto às causas metafísicas e às "causas invisíveis", como as intenções e as vontades humanas, são fenômenos psíquicos, que não podem ser o objeto do conhecimento causal.

Dois critérios principais são levados em conta: a *continuidade* da cadeia, que garante que a informação pôde transmitir-se de maneira ininterrupta da origem até o ponto de chegada; a *credibilidade* dos relatores, garantes da veracidade do dado transmitido. Para tanto, a crítica procede à justificação *(ta'dīl)* ou à desaprovação *(tajrīḥ)* de cada relator, sobretudo segundo critérios de moralidade. Este método devia permanecer praticamente como o único procedimento crítico utilizado sistematicamente pelos historiadores na cultura árabe-islâmica, o que lhes censurará Ibn Khaldūn, que rejeitará este critério externo de validade no que se refere a dados relativos aos fatos *(wāqi'āt)*, cuja "veracidade depende exclusivamente de sua conformidade [*muṭābaqa*] ao mundo exterior" (Ibn Khaldūn, *al-Muqaddima*, ed. Dār al-Jīl, Beirute, s.d., p.4l).

37 Para Ibn Khaldūn, que reutiliza aqui uma fórmula do teólogo ash'arita de Bagdá, Baqillānī (morto em 403/1013), o "hábito" ('āda) não está mais exposto à "ruptura" depois do fim do período de profecia, no qual podiam acontecer milagres. A recorrência dos fatos do mundo natural e humano está, portanto, perfeitamente garantida, o que torna possível uma ciência das propriedades naturais da civilização.

Alguns fatos que pertencem à esfera das propriedades naturais da civilização e ligados intrinsecamente a elas são, no entanto, em certa medida, determinados pela Lei revelada. Devemos excluir da racionalidade estes fatos e atribuí-los a "causas invisíveis" ou é preciso de qualquer forma lhes imputar uma racionalidade própria? Ibn Khaldon responde a esta questão como averroísta. Justifica as prescrições legais referentes à civilização, ao poder e à organização estatal pelo fato de que elas procedem da "intenção do Legislador". Sua racionalidade reside no fato de que procedem da consideração do interesse geral *(maṣlaḥa).* Assim, por exemplo, o Legislador só impôs o "nascimento coraixita" como condição do acesso ao califado porque a "solidariedade tribal" *('aṣabiyya)* mais apta a garantir a preponderância de um povo sobre os outros na época do Profeta era a dos Coraixitas. "Se é certo que ser de origem coraixita foi posto como condição do acesso ao califado para evitar os conflitos, graças a sua 'solidariedade tribal' (a dos Coraixitas) e a sua preponderância e que o Legislador não faz leis determinadas para uma só geração, época ou nação, saberemos que essa cláusula se reduz à da competência *(kifāya).*[38] Vincula-se, então, uma à outra, e se generaliza a aplicação do motivo que justificava a exigência do nascimento coraixita: a solidariedade tribal. Por conseguinte, consideramos necessário que aquele que tem o encargo dos negócios muçulmanos pertença ao povo cuja solidariedade tribal é mais forte, superior a de seus

---

38 Num tratado que se tornou clássico, um jurista shafita de Bagdá, Māwardī (morto em 450/1058), expusera, a pedido do califa al-Qādir, a posição de sua escola em matéria de direito público. Ele decretara sete condições de acesso ao cargo de califa, aos quais acrescentava o nascimento coraixita. Ibn Khaldūn reduz, por seu lado, estas condições a quatro pontos: a ciência *('ilm);* a honorabilidade *('adāla);* a integridade da visão, da audição e a ausência de defeito corporal; a competência *(kifāya),* definida como a coragem e a força necessárias para proteger o Estado (vide *Al-Muqaddima,* ed. Dār al-Jīl, Beirute, s.d., p. 213). Ao passo que Māwardī, ao colocar a exigência do nascimento qurayshite, procurava legitimar um poder estabelecido, o dos Abácidas, Ibn Khaldūn, por seu lado, reduz essa prescrição à exigência de "competência", inscrevendo-a assim nas leis da história que procura fundar.

contemporâneos, para que esse povo possa forçar os outros a segui-lo e a unificação geral permita uma defesa eficaz." Assim o querem as propriedades naturais da civilização: "O que ocorre no mundo confirma o que dizemos. Só quem domina uma nação ou um povo é capaz de dirigir seus negócios". A própria prescrição divina conforma-se, portanto, aqui, com as propriedades naturais da civilização. Com efeito, "é muito raro que a ordem divina vá de encontro à ordem do mundo".

Este rápido panorama epistemológico do pensamento filosófico na sociedade árabe-islâmica revelou-nos dois momentos distintos na história da consciência dessa sociedade. O primeiro destes dois momentos teve como fundo epistemológico o dispositivo da metafísica emanacionista e como fundo ideológico a fusão entre religião e filosofia. Foi dominado por um espírito espiritualista e idealista, que levou as forças sociais progressistas a sublimar no sonho a sua incapacidade de concretizar suas aspirações. O segundo momento foi inaugurado epistemologicamente pelas contribuições críticas de Ibn Ḥazm e de Ibn Tūmart, e ideologicamente pelo aspecto do conflito político entre o califado abácida, promotor de um pensamento em que o temporal se "absolutiza" na religião, e um Estado maghrebino-andalusī cuja própria existência constituía a prova de que a pluralidade do "temporal" podia existir no seio da unidade religiosa.

É este o alcance profundo da problemática colocada pelo pensamento filosófico do Islã no Oriente e no Ocidente. A filosofia, portanto, jamais foi um artigo de importação, um corpo estranho na sociedade árabe-islâmica, mas sim a expressão de uma experiência originária: a filosofia foi o reflexo dos problemas e dos sofrimentos da sociedade, o porta-voz de suas esperanças e de seus sonhos. Foi realmente a sua consciência.

CONCLUSÃO

A RENOVAÇÃO SERÁ AVERROÍSTA

O pensamento humano é um diálogo ininterrupto entre o passado e o presente, entre o presente e o futuro. Toda "solução" dada aos problemas do passado, no plano da teoria, implica a questão de saber como tratar, no plano da "prática", os problemas do presente e do futuro. Abordamos a relação de nossos antepassados com a filosofia grega. Como definir, agora, a nossa relação com a filosofia de nossos antepassados, a filosofia árabe-islâmica?

Esta questão nos remete ao problema inicial: a busca de um método adequado para assumir nossa relação com a tradição. Na primeira parte deste ensaio, havíamos tratado do problema no âmbito do método e da visão, ou seja, da compreensão que tínhamos de construir de nossa tradição. Devemos agora colocá-lo de novo, mas no nível da "prática teórica", ou seja, do investimento da tradição em nossa atividade intelectual de hoje.

É escusado dizer que estes dois aspectos estão ligados: o tipo de compreensão da tradição que tivermos elaborado determinará diretamente o tipo de investimento que dela faremos, assim comó a função que lhe quisermos atribuir reagirá sobre a maneira de elaborar a nossa concepção. No entanto, existem umites que não podemos atravessar nesta operação de investimento. O que podemos investir em nossa atividade intelectual de hoje não é a tradição como totalidade, mas sim a tradição enquanto *sobrevivência*. Perguntemo-nos, pois: da filosofia árabe-islâmica, o que sobrevive?

Os problemas nunca são mais complicados e mais abstrusos do que quando mal colocados. O pensamento árabe contemporâneo, para o qual o problema da relação com a tradição sempre foi um elemento essencial, jamais foi capaz de superar esta problemática, porque sempre colocou mal os problemas que são de sua esfera.

Colocar o problema da relação com a tradição perguntando "o que haveria para reter ou para dispensar" nesse todo que é a tradição, enquanto conjunto de conhecimentos, de informações, de ideias, de discussões, de interpretações registradas nos livros antigos, impressos ou manuscritos é uma abordagem errada, carente de objetividade e de perspectiva histórica. Pois a tradição não é uma mercadoria produzida de uma só vez, fora da história. Ela faz parte da história, é movimento do pensamento, constitui-se a partir dos ímpetos do pensamento, em determinadas fases de seu desenvolvimento. É, portanto, constituída por momentos sucessivos, que se eliminam uns aos outros ou se completam, por momentos do pensamento que refletem um real, exprimem-no e agem sobre ele, positiva ou negativamente. Por isso, o tratamento científico da tradição deve realizar-se em dois níveis: a compreensão e o investimento. No primeiro nível, devemos efetivamente preocupar-nos em poder assimilar a nossa tradição como um todo, em suas diferentes correntes e suas etapas históricas. Mas no nível do investimento, devemos concentrar-nos mais no momento culminante de seu progresso. Perguntar o que haveria para se reter junto aos mu'tazilitas, aos xiitas, aos khārijītas,* aos ash'aritas ou aos filósofos é uma atitude anti-histórica, que fecha os que a adotam em seus círculos viciosos. As conquistas da tradição com que queremos dialogar – ou até os únicos com os quais o diálogo é possível hoje – não são essas conquistas tais como as viveram nossos antepassados e como permanecem conservadas nos livros, mas sim o que sobrevive delas, ou seja, o que ainda está em condições de responder a algumas de nossas preocupações presentes, o que é suscetível de ser desenvolvido e enriquecido para nos acompanhar no futuro... A autenticidade *(aṣāla),* para nós, é isto.

Mas o que sobrevive de nossa tradição?

Já não é tão difícil responder claramente a esta questão depois de nossas considerações sobre os elementos constituintes de nossa tradição filosófica, que nos permitiu insistir na necessidade de distinguir entre os conteúdos cognitivo e ideológico. O conteúdo cognitivo da filosofia islâmica, assim como o de toda filosofia anterior à etapa contemporânea, é, em grande parte, matéria morta e incapaz de reviver. O mesmo não acontece com o conteúdo ideológico, que é capaz de uma "outra vida", que continua a viver ao longo do tempo, sob formas diferentes. O conteúdo cognitivo de uma filosofia, seja ela qual for, só vive uma vez, morre para sempre, sem esperança de ressuscitar. Os filósofos muçulmanos, como todos os filósofos medievais, fundamentaram sua filosofia nas ciências físicas de Aristóteles. O conteúdo cognitivo do conjunto dessa filosofia desmoronou com o advento das ciências modernas. Descartes, então, fundamentou sua filosofia na física de Galileu, em cuja elaboração ele mesmo participara. Mas o conteúdo cognitivo do cartesianismo deixou de ser operacional com o advento da física de Newton. Nesta última, Kant fundamentou sua própria filosofia, que foi, por sua vez, superada quando a física newtoniana foi superada pela teoria dos *quanta* e pela teoria da relatividade etc. O conteúdo cognitivo é ciência, e

* Os Kharijitas representam a mais antiga cisão no seio do Islã, ocorrida em 657 d. C. em virtude da disputa pelo califado entre 'Alī e Mu'āwiya. (N. R.)

a ciência tem sua história. Ora, a história da ciência é, como diz Bachelard, a história dos erros da ciência. É por isso que o conteúdo cognitivo de toda filosofia morre de uma vez por todas e para sempre: porque entra na história como soma de "erros". Morre e se esboroa sem esperança de ressuscitar, porque o erro não tem história.

As coisas se passam de modo completamente diferente no que se refere ao conteúdo ideológico da filosofia: o conteúdo ideológico é ele próprio uma ideologia, e o tempo da ideologia é o "futuro-possível", futuro que a ideologia vive no presente, mas sob a forma de sonho. O sonho, por natureza, ignora os parâmetros espaçotemporais, ao contrário da ciência, cujo tempo é o "presente-atual", que ela vive no presente. Quando seu presente se extingue, ela se elimina, para nascer de novo, num novo presente-atual. Por esta razão, nós, homens do século XX, podemos estar de acordo com certas aspirações ideológicas dos filósofos do passado, mas não com a matéria cognitiva que utilizaram em sua filosofia. Essa matéria incomoda-nos e obsta a nossa adesão ideológica e filosófica aos seus discursos.

Depois destas considerações de princípio, analisemos o conteúdo ideológico da filosofia árabe-islâmica, para estabelecermos a distinção entre o que está definitivamente morto nesse conteúdo e o que é suscetível de ter uma "outra vida". Dissemos anteriormente que o tempo da ideologia era um "futuro-possível", pondo o futuro entre aspas. Agora precisamos levantar o cerco ao redor desse futuro. O futuro da ideologia não é unívoco: existem ideologias que vivem seu "futuro" (seu sonho) no passado; e existem outras que vivem seu futuro no porvir. Só este tipo de ideologia é capaz de ter uma outra vida, porque é ele próprio um impulso na direção dessa vida.

Como distinguir estes dois tipos?

Temos aqui de recorrer novamente à visão e à consciência históricas. A tradição forma uma unidade com a história e, portanto, com o devir histórico. Se sublinhamos anteriormente que só o conteúdo ideológico – com exclusão do conteúdo cognitivo – tinha uma história, é porque o conteúdo ideológico participa do processo da evolução da sociedade e reflete, portanto, o devir em geral no plano particular do pensamento, que com isto adquirirá sua própria autonomia de devir, seu próprio processo de eliminação de momentos anteriores por momentos posteriores. Por conseguinte, uma ideologia que vive seu "futuro" no passado é uma ideologia que vive ainda um desses momentos já eliminados pelo processo de devir próprio do pensamento a que se vincula. Em contrapartida, uma ideologia que orienta seu futuro para o porvir é uma ideologia que vive um momento – ou momentos – ainda não eliminados pelo processo do devir.

Considerando a nossa tradição filosófica à luz destas observações, será fácil distinguir o que dela sobrevive. Afastamos em caráter irrevogável seu conteúdo cognitivo. Mas consideremos agora o devir de seu conteúdo ideológico. Havíamos distinguido dois momentos desse devir, tendo o segundo eliminado o primeiro e com ele rompido. O primeiro momento é o do sonho de Fārābī, vivido à sua maneira por Avicena. O segundo, o do sonho de Avempace desenvolvido por Averróis.[1] O que sobrevive de nossa tradição não pode,

---

1 O paralelo estabelecido pelo autor entre o "sonho" de Fārābī e o "sonho" de Avempace deve ser entendido da seguinte maneira: em seu *O regime* do *solitário* (cf. nota 28 do Capítulo 5), Avempace havia, por assim dizer, posto a primeira pedra de uma "Cidade" filosófica em al-Andalus, a exemplo da "Cidade virtuosa" de Fārābī no Oriente. Mas essa Cidade era a do filósofo "solitário", sendo a filosofia em sua época marginal e perseguida no Ocidente muçulmano. Averróis é que deveria tirá-la desse isolamento, para fazê-la aparecer no mundo, fundando, assim, a Cidade da razão, razão sob cuja égide deveriam colocar-se este mundo e o Além, a filosofia e a religião. A Cidade filosófica do Oriente, a de Fārābī, deveria ter um destino inverso, uma vez que, fundada para este mundo, deveria ser recolocada, com o "iluminista" Avicena, sob a égide de um espiritualismo que governa tanto este mundo quanto o Além.

portanto, estar ligado ao primeiro momento, pois este foi historicamente eliminado pelo segundo. É a história que diz isto. Assim, toda pessoa que tenha vivido, ou continue vivendo, o momento aviceniano depois do acontecimento averroísta condena-se a viver intelectualmente à margem da história. E de fato, nós, árabes, vivemos, depois de Averróis, à margem da história (na inércia e no declínio), porque nos agarramos ao momento aviceniano, depois que Algazel lhe deu *status* de cidadão no "Islã". Os europeus, por seu lado, viveram a história de que havíamos saído, porque souberam apropriar-se de Averróis e viver até hoje o momento averroísta.

A sobrevivência de nossa tradição filosófica, ou seja, do que é suscetível de participar de nossa época, só pode ser averroísta. Examinemos, portanto, nas passagens que se seguem, o que resta no averroísmo de elementos suscetíveis de ser investidos em nossa atividade intelectual de hoje.

1 O averroísmo entrou na história porque rompeu com esse avicenismo da filosofia "oriental", que o próprio Avicena havia escolhido e depois foi adotada, sob certo aspecto, por Algazel e, sob outro aspecto, por Suhrawardī de Alepo. Os sábios e os doutores da Lei ligados ao caráter original do Islã, a seu caráter árabe, sempre rejeitaram o sufismo, no qual viam um artigo estrangeiro importado da Pérsia e incompatível com a religião islâmica, que se baseava numa crença simples e espontânea. Quando Avicena acabou de reconstruir a metafísica emanacionista ḥarrāniana, de origem pagã, para cobri-la de um verniz islâmico, Algazel tomou-a emprestada, para dela fazer uma alternativa à filosofia aristotélica. Algazel, porém, partidário da doutrina ash'arita, difundiu essa mercadoria aviceniana "oriental" sob o nome de "sufismo sunita". Esta era uma denominação incoerente e contraditória, pois a noção de sufismo era desconhecida na Tradição profética, o Profeta não foi de modo algum um místico, mas, pelo contrário, sempre levou uma vida normal, e as normas sobre as quais se baseava o Islã na época do Profeta não dependiam de modo algum de uma propensão pelas "trevas", nem de uma tendência ao esoterismo, mas antes de um realismo razoável. O discurso do Alcorão era um discurso de razão e não um discurso "gnóstico" ou iluminado.

Averróis soube romper com o avicenismo. Tomemos-lhe emprestada, portanto, essa ruptura – já que temos realmente de usar esta palavra –, para rompermos, por nosso lado, de maneira decisiva e definitiva com o espírito gnóstico de Avicena e travarmos contra ele uma batalha decisiva.

2 Averróis não rompeu apenas com o espírito aviceniano e gnóstico. Rompeu igualmente com a maneira como o pensamento teórico – teológico e filosófico – tratara o problema da relação religião-filosofia. Rejeitou o método teológico da conciliação entre razão e transmissão, assim como rejeitou o dos filósofos, que buscavam uma fusão da religião na filosofia e vice-versa.

Por quê?

- Porque os teólogos haviam enfeudado o Além (a religião) em sua razão segmentarista-atomista e, a partir da concepção da religião que haviam forjado, formaram uma certa ideia da razão. Conceberam, então, o mundo invisível por analogia com o mundo sensível. Por esta razão, produziram interpretações inovadoras e projetaram sobre o mundo sensível elementos que lhes permitiam produzir analogias com sua ideia do mundo invisível, desfigurando, assim, o real e travando a atividade da razão.
- Porque os filósofos haviam enfeudado a religião na "ciência" – representada na época pela herança cognitiva metafísica da Grécia –, e porque haviam reduzido a ciência à concepção da religião que haviam construído. Assim, haviam encolhido a ciência à medida de sua compreensão da religião, em vez de fazerem esta última evoluir solidariamente com a evolução científica.

Averróis rompeu com essa concepção da relação religião-ciência e da relação religião-filosofia. Tornemos, portanto, a efetuar essa ruptura – já que decididamente é preciso utilizar o termo –, e deixemos de querer explicar a religião pela ciência e vincular abusivamente uma à outra; porque a ciência está em permanente mutação, não cessa de se contradizer e superar-se a si mesma. E cessemos, pelas mesmas razões, de fazer a ciência depender da religião. A ciência não precisa de nenhuma restrição vinda de fora, pois estabelece para si mesma seus próprios limites.

3 Averróis não se contentou com rupturas. Também ofereceu a possibilidade de uma renovação. A ruptura – no sentido em que a entendemos aqui – só é gerada através de um trabalho de renovação capaz de ab-rogar e de eliminar o antigo. A renovação proposta por Averróis no campo da relação religião-filosofia é suscetível de ser reinvestida para estabelecer um diálogo entre a nossa tradição e o pensamento contemporâneo mundial, diálogo este que nos trará a autenticidade e a contemporaneidade a que aspiramos. Averróis pregou uma compreensão religiosa da religião que não recorria a algo além dos dados mesmos da religião, e uma compreensão filosófica da filosofia fundada exclusivamente nos princípios e nas intenções da filosofia. Este método é que deveria permitir, segundo Averróis, renovar ao mesmo tempo a filosofia e a religião. Tomemos-lhe emprestado também este método para definirmos uma maneira de assumir ao mesmo tempo a nossa relação com a tradição e a nossa relação com o pensamento contemporâneo mundial, que representa para nós o que representava para Averróis a filosofia grega. Assumamos a nossa relação com a tradição compreendendo-a em seu próprio contexto, e assumamos a nossa relação com o pensamento contemporâneo mundial da mesma maneira. Isso nos permitirá elevar-nos a uma compreensão científica e objetiva de ambos, e nos ajudará a investi-los solidariamente numa mesma perspectiva: dar fundamento à nossa autenticidade na modernidade, e dar fundamento à nossa modernidade na autenticidade. Averróis colocou bem o problema da relação com o "Outro", que hoje é para nós o problema da "contemporaneidade" (ao passo que o Outro representava na época, para Averróis, os sábios antigos da Grécia). Ele o tratou de uma maneira científica, em que teríamos grande necessidade de nos inspirar hoje em dia. Averróis estabelece uma distinção no pensamento do "Outro", entre o instrumento que esse pensamento pode representar e a matéria que ele constitui, ou seja, entre o método e a teoria. Acerca do instrumento, diz ele: "é claro que precisamos recorrer, para o objetivo que nos propomos (ou seja, o estudo racional dos seres), às teses de nossos precursores neste campo, independentemente do fato de que estes tenham sido ou não de nossa religião. Não se pergunta ao instrumento (a faca) com o qual se executa o sacrifício ritual se ele pertenceu ou não a um de nossos correligionários para julgar a validade do sacrifício. Exige-se apenas que ele seja bem apropriado a esse uso. Por aqueles que não estão entre os nossos correligionários entendemos aqueles dentre os Antigos que especularam sobre estas questões, antes do aparecimento do Islã. Uma vez que assim é, e que todas as regras do raciocínio (a lógica, o método) foram estudadas do modo mais perfeito pelos Antigos, devemos tirar muito de seus livros, para ver o que disseram a este respeito. Se aquilo se mostrar correto, dar-lhe-emos as boas-vindas; se se achar algo que não seja correto, não deixaremos de observar isto a eles".

Não devemos, portanto, acolher o instrumento (o método) como imitadores, mas sim como críticos atentos. Quanto à "matéria", ou seja, a teoria, devemos construí-la por nós mesmos e para nós mesmos; "devemos efetuar o estudo dos seres segundo a ordem e a maneira que a teoria dos silogismos demonstrativos nos tiver ensinado", mas como não é possível nem concebível repetir pura e simplesmente as experiências dos predecessores e redescobrir o que eles descobriram, "precisamos, quando encontramos em nossos predecessores das nações antigas uma concepção refletida do Universo, conforme às condições exigidas pela demonstração, examinar o que eles disseram a este respeito, o que afirmaram em seus livros. Se essas coisas corresponderem à verdade, nós as acolheremos com muita alegria, e lhes ficaremos agradecidos. Se não corresponderem à verdade, observaremos isto a eles, alertaremos as pessoas contra elas, ainda que desculpando seus autores...".

Consciente da universalidade e da historicidade do saber, Averróis definiu a maneira de se comportar diante das "ciências dos Antigos", que representavam, naquela época, a Ciência por excelência. Esse método é digno de servir de modelo. Podemos reutilizá-lo para definir a nossa relação com a tradição e com o pensamento contemporâneo universal, sabendo distinguir o que é universal em cada um deles, e que nos é possível reutilizar para restabelecermos a nossa especificidade, e o que é particular, circunstancial a uma época ou a um povo, e que devemos conhecer para enriquecermos a nossa experiência e a nossa visão do mundo.

São estes, a nosso ver, os principais elementos que sobrevivem do averroísmo, e que podemos reutilizar para tratarmos os problemas atuais. Resumiremos isso numa palavra: o espírito averroísta. Ao convidarmos a se recuperar o espírito averroísta, não queremos dizer nada mais do que isto: é preciso torná-lo presente em nosso pensamento, à nossa vista e em nossas aspirações, da mesma maneira como está presente no pensamento francês o espírito cartesiano ou no pensamento inglês o espírito empirista inaugurado por Locke e Hume. Com efeito, se nos perguntarmos o que permanece do cartesianismo na França ou do empirismo de Locke e Hume na Inglaterra, seremos levados a responder que apenas uma coisa sobrevive, que podemos designar como o espírito cartesiano na França ou o espírito empirista na Inglaterra, e que constitui a especificidade do pensamento francês ou inglês. Estabeleçamos, portanto, a nossa especificidade sobre o que nos é próprio, o que nos cabe e não nos é estrangeiro. O espírito averroísta é adaptável à nossa época, porque se ajusta a ela em mais de um ponto: o racionalismo, o realismo, o método axiomático e a abordagem crítica. Adotar o espírito averroísta é romper com o espírito aviceniano "oriental", gnóstico e promotor do pensamento das trevas.

Certos intelectuais árabes, que parecem manter com a cultura europeia uma relação mais estreita do que com a tradição árabe-islâmica, perguntaram-se como fazer o pensamento árabe assimilar os ensinamentos do liberalismo "antes ou sem que o mundo árabe tenha atravessado a etapa do liberalismo"; sendo o liberalismo para eles "o sistema de pensamento que se constituiu nos séculos XVII e XVIII, e com a ajuda do qual a classe burguesa europeia em ascensão combateu as ideias e os regimes feudais". É esta a problemática colocada por Abdallah Laroui, Zaki Naguib Mahmoud, Magid Fakhri e outros, alguns de acordo com um ponto de vista francês e cartesiano, outros de acordo com um ponto de vista empirista e positivista anglo-saxão, cada um de acordo com o tipo de "tradição" europeia que constitui seu próprio sistema de referência cultural e intelectual.

Julgamos que é totalmente errado colocar o problema desta maneira. Pois ao pedirmos aos árabes que assimilem o liberalismo europeu, pedimos-lhes, na realidade, que incorporem à sua consciência uma herança que lhes é estrangeira no que se refere aos temas levantados, às problemáticas colocadas, às línguas em que se exprime e que, portanto, não faz parte de sua história. Um povo só pode trazer de volta à sua consciência uma tradição que lhe pertença, ou algo que se relacione com essa tradição. Quanto ao patrimônio humano em geral, no que ele tem de universal, um povo sempre o vive no seio de sua própria tradição, e não fora dela.

Na verdade, a nosso ver, seria preciso estabelecer a problemática da seguinte maneira: como pode o pensamento árabe contemporâneo recuperar e reutilizar numa perspectiva semelhante àquela em que foram utilizados pela primeira vez os ensinamentos racionalistas e "liberais" de sua própria tradição – a luta contra o feudalismo, contra o gnosticismo, contra o fatalismo, e a vontade de instaurar uma Cidade da razão e da justiça, para construir a livre Cidade árabe, democrática e socialista?

Esta não é uma posição estreitamente nacionalista. De modo algum minimizamos as grandes conquistas da humanidade. Simplesmente julgamos que essas conquistas permanecerão sempre estrangeiras a nós enquanto não as tivermos utilizado de acordo com um método científico adaptado às exigências de nossa condição histórica, para resolvermos os nossos próprios problemas. Para tanto, devemos antes de tudo dar fundamento a essas grandes conquistas em nosso pensamento, reconduzindo-as a conquistas semelhantes ou similares de nossa tradição. Aqui como em outros lugares, nossa única oportunidade de não ler o nosso futuro no passado – ou no presente dos outros, mas de construí-lo a partir de nossa própria realidade, a partir da especificidade de nossa história e dos constituintes de nossa personalidade, é a consciência histórica.

O texto deste livro foi composto a partir das duas obras originais que se seguem:

• *Naḥnu wa al-turāth. Qirā'āt mu'āṣira fī turāthinā al-falsafī (Nós e a tradição. Leituras contemporâneas de nossa tradição filosófica),* Beirute-Casablanca, 1980.

• *Al-Turāth wa al-ḥadātha (Tradição* e *modernidade),* Beirute, 1991. Deste segundo livro, retivemos os textos de duas conferências pronunciadas pelo autor em Córdoba e Almeria (Espanha) em 1987 e 1990, e intituladas respectivamente "Qurṭuba wa madrasatuhā al-fikriyya" ("Córdoba e sua escola intelectual") e "Al-Naz'a al-burhāniyya fi al-Maghrib wa al-Andalus" ("A corrente demonstracionalista no Marrocos e em al-Andalus").

NOTA SOBRE A TRANSLITERAÇÃO DAS PALAVRAS ÁRABES

1. Seguiu-se o critério da tradução francesa no tocante à:

   1.1 não indicação da *hamza* (', sinal de palatização) quando ocorre no início das palavras;

   1.2 utilização dos dígrafos th, dh, kh, gh e sh para os fonemas árabes que estariam mais bem representados por ṯ, ḏ, ḫ, ğ e š;

   1.3 manutenção das formas alatinadas: Averróis, Avicena e Algazel, para os filósofos muçulmanos Ibn Rušd, Ibn Sīnā e al-Ğazālī;

   1.4 transliteração do nome do autor, Mohammed Abed al-Jabri, o qual, em rigor, deveria transliterar-se Muḥammad 'Ābid al-Jābirī. É esse o caso do nome de um dos tradutores (do árabe para o francês), Ahmed Maḥfūẓ, cuja transliteração correta seria 'Aḥmad Maḥfūẓ, bem como de alguns outros contemporâneos citados na página 165. Tal se deve, evidentemente, ao fato de ser essa a forma pela qual são conhecidos na França.

2. Em árabe, "al-Andalus" corresponde à totalidade da Espanha Muçulmana. Ainda que, em certo momento, "al-Andalus" e "Andaluzia" tenham se equivalido, preferiu-se manter a forma árabe.

3. As vogais longas do árabe foram transliteradas ā, ī, ū; para o *alif* curto final usou-se o acento grave (`). Os pontos colocados sob certas consoantes indicam os chamados "sons enfáticos" do árabe (ṣ, ḍ, ṭ, ẓ) e a fricativa faringal surda ḥ. O apóstrofo invertido (') indica a fricativa faringal sonora *'ayn*.

SOBRE O LIVRO

Coleção: Biblioteca Básica
Formato: 14 x 21 cm
Mancha: 24 x 43 paicas
Tipologia: Times 11,5/14
Papel: Pólen 80 g/m² (miolo)
Cartão Supremo 250 g/m² (capa)
1ª edição: 1999
1ª reimpressão: 2011

EQUIPE DE REALIZAÇÃO

Produção Gráfica
Edson Francisco dos Santos (Assistente)

Edição de Texto
Fábio Gonçalves (Assistente Editorial)
Carlos Wagner Fernandes dos Santos (Preparação de Original)
Maria Ângela da Silva Bacellar (Revisão)
Kalima Editores (Atualização ortográfica)

Editoração Eletrônica
Ysayama Estúdio

Impressão e acabamento
psi7 psi7.com.br | book7 book7.com.br